Le boulard

L'Instit

Série télévisée de Pierre Grimblat
dirigée par Didier Cohen

Le boulard

Un roman de Gudule

d'après le scénario de
Didier Cohen et Gilles Gérardin

HACHETTE
Jeunesse

SÉRIE *L'INSTIT* DANS LA BIBLIOTHÈQUE VERTE

Vanessa la petite dormeuse
Le mot de passe
Concerto pour Guillaume
Une seconde chance
Tu m'avais promis
Aimer par cœur
Le crime de Valentin
L'angélus du corbeau
Le boulard

Hachette Livre, 43, quai de Grenelle, 75015 Paris

Prologue

Les trépidations monotones du moteur bercent le sommeil des deux voyageurs. Celui de l'enfant, surtout, qui dort à poings fermés, roulé en boule contre son père. A chaque inspiration, une minuscule plainte lui échappe, léger ronflement contrarié de voyageur mal installé.

Attendri, le conducteur au visage de Christ sympathique sourit.

« Nous arrivons... Dommage, il va bientôt falloir le réveiller, ce pauvre p'tit bonhomme », chuchote-t-il, avec son savoureux accent québécois.

Tandis que le père s'étire, déplaçant vaguement ses jambes ankylosées par une trop longue immobilité, le semi-remorque s'engage sur le pont Jacques-Cartier.

Le jour se lève : une aube d'hiver glaciale, battue par des rafales de neige qui saturent l'atmosphère de tourbillons furieux. A travers les essuie-glaces en mouvement, les rives du Saint-Laurent apparaissent, toutes blanches, bordées par les premiers buildings de Montréal.

« Ça va, Patrick ? » s'inquiète le conducteur.

L'intéressé – un homme d'une trentaine d'années, maigre à faire peur – ne desserre pas les lèvres. Encore engourdi par sa nuit de route, il fixe la ville dans laquelle, à présent, s'engage le camion, et l'expression de son visage révèle une profonde angoisse.

Distraitement, le Christ sympathique lisse sa barbe blonde.

« T'en fais pas, va, poursuit-il d'une voix apaisante. Quand on atteint le fond, il suffit souvent d'un petit coup de pouce pour remonter à la surface... »

Un haussement d'épaules fataliste lui répond.

Les phares du poids lourd trouent la demi-pénombre d'un sinistre quartier périphérique.

« Voilà, c'est ici... » dit le conducteur en se rangeant le long du trottoir.

Du doigt, il indique une enseigne au néon : *Tourist room*, clignotant sur la façade d'un immeuble lépreux.

« C'est pas un hôtel de luxe, mais il y a tout ce qu'il faut. Surtout, explique bien à la patronne que tu viens de ma part, hein ? Son vrai nom, c'est Louise, mais les habitués l'appellent par son code de CB : Alouette… »

Patrick ne dit toujours rien. Parler semble au-dessus de ses forces. Mais pour ce qui est de regarder, il regarde ! Ses yeux dévorent littéralement le paysage.

« Alouette ! C'est la femme la plus accueillante de tout Montréal ! reprend le chauffeur. Une vraie maman pour ses pensionnaires… Tu vas te faire dorloter, sacré veinard ! »

Il rit. On sent qu'il fait de grands efforts pour détendre son passager, et il y réussit. Ce dernier hoche la tête en s'efforçant de sourire.

« Et puis, pour ce que tu m'as raconté, ne te casse pas la tête… poursuit le chauffeur, encouragé. Alouette n'est pas du genre à poser des questions… »

Son clin d'œil complice fait, cette fois, réagir Patrick.

« Merci pour tout, Christophe ! » bredouille-t-il.

Ses gestes maladroits, sa façon hachée de s'exprimer trahissent un terrible manque de confiance en soi. Impression encore renforcée par la pâleur de son teint, et sa farouche expression de bête traquée.

Christophe l'enveloppe d'un long regard compatissant.

« Ça va te changer de Chicoutimi... soupire-t-il.

— Pas vraiment, murmure Patrick. Je suis né ici, tu sais. C'était mon quartier. Mais il y a des années que je n'y ai pas remis les pieds. Depuis la naissance du gamin... »

Tout en parlant, il baisse les yeux vers l'enfant, dont la petite tête encapuchonnée ballotte toujours sur son épaule, et d'une main très douce lui caresse la joue.

« Yohan... Réveille-toi, mon grand... »

Le garçon s'agite, résiste de toutes ses forces à l'appel paternel, puis finit par céder et ouvre les paupières. La première chose qu'il aperçoit, c'est la carte postale qui décore le tableau de bord : un coucher de soleil sur une île tropicale, avec palmiers à l'avant-plan. Durant quelques secondes, cette image l'hypnotise.

« Ça a l'air de te plaire, Tahiti, dis donc ! » rit le chauffeur.

Il décolle la carte, la lui tend.

« Tiens, p'tit bonhomme, garde-la ! En souvenir de ton ami Christophe. »

Il n'en faut pas plus pour éclairer le visage de l'enfant. Un visage resserré dans la capuche d'un anorak trop étroit.

« Allez, go ! » fait Patrick, comme à regret.

Déjà, il a ouvert la portière et s'est laissé glisser sur le pavé gelé, avant d'aider son fils à descendre.

« N'oubliez pas vos bagages ! » recommande Christophe en leur tendant deux sacs : un grand polochon de voyage que Patrick s'accroche à l'épaule, et le cartable de Yohan.

Durant quelques instants, le chauffeur contemple le couple pathétique enveloppé par la bourrasque – cet homme hâve, douloureux, pauvrement vêtu, et ce loupiot de dix ans à peine qui bâille à fendre l'âme. D'un geste rapide et plein de pudeur, il sort un billet de sa poche et le tend à Patrick.

« Tiens… prends ça…

— Non ! proteste Patrick en repoussant le cadeau.

— Prends-le, je te dis ! Un jour, tu auras l'occasion de le donner à quelqu'un d'autre ! »

Et, coupant court aux remerciements, Christophe engage une vitesse et démarre. Longtemps, l'homme et l'enfant regardent s'éloigner le véhicule, dont les feux arrière trouent le brouillard comme pour prolonger l'au-revoir. Puis, d'un même pas, ils se dirigent vers le *Tourist room*.

D'un même pas ? Non, pas exactement. Si, malgré la fatigue, celui de Yohan est allègre, Patrick, lui, boite. Et son déhanchement accentue la touchante fragilité de sa silhouette.

1

« Oui, Charlotte, je t'écoute... »

Celui qui vient de parler a l'accent français, un visage ouvert, avenant, et des yeux pétillants de malice. Entre lui et ses élèves, on sent tout de suite une complicité : il ressemble plus à un grand copain qu'à un instituteur.

Charlotte se lève. Elle, c'est la plus délurée de toute la classe. Sa frimousse ronde respire l'intelligence, et c'est sans aucune timidité qu'elle prend la parole.

« Moi, j'ai été à Paris avec mes parents.

— A Paris ? Raconte-nous ça ! »

Comme à son habitude, Victor Novak circule entre les tables. Se retrouver dans cette école de Montréal l'enchante visiblement. La classe de quatrième primaire – l'équivalent du CM1 – qui lui a été attribuée, à l'occasion d'un échange culturel entre la France et le Canada, l'a immédiatement adopté.

En cette froide matinée d'hiver, maître et élèves préparent oralement une rédaction dont le sujet est inscrit au tableau :

« Racontez vos dernières vacances. »

Avec beaucoup de sérieux, Charlotte énumère ses découvertes touristiques en comptant sur ses doigts :

« J'ai visité le musée de l'Homme, la Tour Eiffel, le Louvre, et le jardin des Plantes. Ah, et puis aussi la Cité des Sciences, à la Villette... »

Un petit sifflement d'admiration échappe à l'instit :

« Eh bien dis donc, tu n'as pas chômé ! Et, es-tu allée dans les grands magasins ?

— Deux fois, mais c'était pas drôle : les gens se marchaient sur les pieds pour "magasiner". Là-bas, on dirait qu'ils ont toujours peur qu'il n'y en ait pas pour tout le monde ! »

Une hilarité générale salue sa réflexion.

« Ah, Paris c'est un peu fatigant ! sourit Victor. Mais toutes les grandes villes sont comme ça, non ? »

Charlotte fronce comiquement son petit nez, en signe d'ignorance, et se rassied. L'instit lui caresse les cheveux avant de s'adresser à un autre élève :

« Et toi, Sylvain ? Je parie que tu as fait du patinage ! »

Avec un « oui » enthousiaste, Sylvain se dresse d'un bond. C'est un grand costaud aux joues roses, éclatant de santé.

« J'ai été en stage avec mon club.

— Sylvain, c'est un champion ! affirme Jérôme, son meilleur ami. Sur les longues lames, personne ne peut le battre ! »

Une telle admiration vibre dans sa voix que Victor ne peut s'empêcher de sourire.

« C'est quoi, les longues lames ? demande-t-il.

— Des patins de vitesse, répond Sylvain, tout fier qu'on évoque ses performances sportives. J'ai déjà gagné plein de courses… Même contre des plus grands que moi !

— Formidable ! On a un champion parmi nous ! s'exclame l'instit, prenant la classe à témoin. Tu vas me raconter tout ça en détail dans ta rédaction, d'accord ?

— Oui, je… »

Trois coups énergiques frappés à la porte coupent la réponse de Sylvain en deux, et Régine, la directrice de l'école, entre, accompagnée de Yohan.

Le tutoiement est de mise, dans les écoles du Québec. Aussi Régine s'adresse-t-elle à l'instit avec une familiarité qui, en France, pourrait sembler déplacée :

« Je ne te dérange pas trop, Victor ? Je t'amène le petit nouveau : Yohan Lafontaine. »

Ayant remis l'enfant entre les mains de son maître, elle s'éclipse sur un « Bye-bye, Victor » très « couleur locale ». Et Yohan reste au milieu de la classe, bras ballants, empêtré dans sa gêne.

« Bonjour, mon grand, dit Victor. Régine m'a parlé de toi. Tu n'es pas de Montréal, n'est-ce pas ? D'où viens-tu ?

— De Chicoutimi. »

Un curieux brouhaha accueille sa réponse.

« Chicoutimi ? s'esclaffe Jérôme. Y a que des fermiers, là-bas ! »

Ne sachant quelle attitude prendre devant les vingt paires d'yeux qui l'observent sans complaisance, le nouveau se balance d'un pied sur l'autre. Il serre contre lui son vieux cartable, dont la fermeture cassée laisse entrevoir livres et cahiers. Son petit air penaud touche l'instit.

« Tu as le trac, hein ? lui glisse-t-il, complice. C'est normal ! Tu sais, moi aussi je suis nouveau ici. Quand je suis arrivé, il y a quinze jours, je n'en menais pas large ! Eh bien, comme tu le constates, ils ne m'ont pas dévoré ! »

Tout le monde éclate de rire.

« Ça va bien se passer, tu vas voir... poursuit Victor, en posant sa main sur l'épaule de Yohan. Tiens, il y a une place libre à côté de Charlotte, va t'y asseoir. Et essaie de la faire rigoler un peu, elle est trop sérieuse, cette demoiselle ! »

La boutade amuse toute la classe, y compris Charlotte. Tandis que le nouveau s'installe près d'elle, Sylvain et Jérôme se poussent du coude avec des œillades entendues.

« Bon, après ce petit intermède, reprenons notre cours, dit l'instit. Yohan, nous étions en train de préparer le devoir de rédaction. »

Il lui montre le sujet au tableau.

« Où es-tu allé, toi ? »

Très embarrassé, l'enfant se tortille sur son siège et bredouille :

« Moi ?... Ben... Heu...

— A Chicoutimi ! l'interrompt Sylvain. C'est drôlement intéressant, par là ! »

Agressé, Yohan se renfrogne.

« Sylvain, tu n'es pas tout seul, laisse parler les autres, s'il te plaît ! » le semonce l'instit.

Revenant à Yohan :

« Tu n'es pas parti ?

— Si, bien sûr... comme tout le monde... » se rebiffe le nouveau.

Durant un court instant, il reste bouche ouverte, profondément concentré. Puis son visage s'éclaire et il annonce fièrement :

« Je suis allé à... Tahiti ! »

Le mensonge est si évident qu'il plonge la classe dans un mélange d'ahurissement et d'hilarité. Victor lui-même a du mal à garder son sérieux.

« A Tahiti ? s'exclame-t-il.

— C'est vrai ! affirme Yohan, très digne.

— Toi alors, t'es un chanceux ! s'écrie ironiquement Jérôme. C'est super loin, Tahiti. T'as pris l'avion ? »

Après une courte hésitation, Yohan fait « non » de la tête.

« T'y es allé comment ? » attaque Sylvain.

La repartie fuse du tac au tac :

« En camion, bien sûr ! »

Un énorme éclat de rire salue ce qui semble être un trait d'humour. Et Yohan, tout fiérot de son involontaire succès, n'est certes pas le dernier à s'esclaffer !

2

Malgré sa doudoune, son bonnet de laine et son écharpe, l'instit semble sur le point de se changer en iceberg. Dans la cour de récréation recouverte d'une épaisse couche de neige, il va, vient, sautille sur place pour se réchauffer, frotte ses paumes l'une contre l'autre à les user. Amusée, Régine le rejoint :

« Hé, le grand voyageur, tu vas survivre à notre climat ? »

Victor tente d'ébaucher un sourire mais y renonce, les lèvres raidies par le froid.

« Attends un peu, tu n'as encore rien vu, poursuit la directrice, moqueuse. Ils nous annoncent pour bientôt du moins trente… Là, tu vas sentir la différence avec les hivers de chez toi !

— Moins trente ? Brrr... Il va falloir que je me tricote des moufles !

— Des moufles ?

— Ben oui... Des gants sans doigts ! »

Il mime l'objet, ce qui amuse follement son interlocutrice.

« Ici, on dit des mitaines », signale-t-elle.

Puis, redevenant sérieuse :

« Je ne blague pas, tu sais, Victor. Avec des températures pareilles, on a des enfants qui se retrouvent avec les oreilles gelées, ou le nez...

— Il en faudrait beaucoup pour venir à bout du mien, il est trop long ! » plaisante l'instit.

Yohan et Charlotte passent à côté d'eux. Victor les suit d'un œil attendri.

« Il est sympa, ce môme... C'est un rêveur, débordant d'imagination. Dis-moi, Régine, dans son école précédente, il travaillait comment ? »

La directrice a un geste d'ignorance :

« Je n'en sais rien, son père a oublié de faire suivre son bulletin scolaire. Lui aussi m'a l'air d'un sacré rêveur ! »

Yohan et Charlotte se sont rapprochés de Jérôme, Sylvain et Anaïs, en grande discussion. Les mains dans les poches, Yohan tend l'oreille en affectant l'indifférence, sans participer à la conversation qui tourne autour du feuilleton-télé à la mode.

De toute sa stature, Sylvain domine Anaïs, une rouquine haute comme trois pommes, au museau pointu de petite souris.

« Mais non, pauvre niaiseuse ! la houspille-t-il. T'as rien compris au film, ma parole ! Le commandant du vaisseau spatial, c'est Aktaris. Gallia est juste le cousin de son fils... »

Il en faut plus pour impressionner Anaïs !

« Le cousin de son fils ! s'esclaffe-t-elle. N'importe quoi ! C'est toi le niaiseux, grande andouille !

— T'es complètement débile ! » affirme Jérôme en vrillant son index sur sa tempe.

Charlotte, qui jusque-là n'avait rien dit, intervient, péremptoire :

« C'est votre émission qui est débile ! » déclare-t-elle.

Sans tenir compte de la désobligeante remarque, les « accro » au feuilleton poursuivent leur chamaillerie :

« Gallia, il est de la famille des Nakamé et pas de celle d'Aktaris », s'obstine Anaïs.

Des yeux, elle cherche un allié, tombe sur Yohan, le prend à parti : « Hein que c'est vrai ! »

A tout hasard, Yohan hausse les épaules, histoire de se donner une contenance.

« Moi, je m'en fous de ces conneries-là, c'est bon pour les bébés... »

Piqués au vif, Sylvain et Jérôme sursautent en même temps :

« Non mais... Pour qui il se prend, celui-là ? s'indigne Sylvain.

— Pour un fermier de Chicoutimi ! » crache Jérôme avec une grimace de mépris.

Malgré le froid qui lui rougit les joues, Yohan a changé de couleur. Dans les poches de son anorak trop petit, il serre les poings.

« Répète ça... » gronde-t-il, en fonçant sur son agresseur.

Comme les deux gamins – le grand costaud et le petit – s'affrontent avec une hargne qui menace de mal tourner, Charlotte s'interpose.

« Arrêtez ! Ça suffit ! » dit-elle, en prenant Yohan par le bras pour l'entraîner plus loin.

Le garçon se laisse faire avec réticence, tout raide de colère.

« C'est ça, emmène-le donc, ton chum[1], et bon débarras ! » lui crie Sylvain de loin.

Charlotte hausse les épaules avec mépris :

« Viens... Fais pas attention à lui... souffle-t-elle à son nouvel ami.

— Il me fait pas peur ! ronchonne ce dernier, en se retournant pour tirer la langue à Sylvain.

— Tu vas pas déjà commencer à te chicaner,

1. *Copain*, en québécois.

tu viens à peine d'arriver ! » le houspille gentiment Charlotte.

L'instit, qui a suivi toute la scène du coin de l'œil, juge à propos d'intervenir :

« Ça m'a l'air d'aller mieux, pour toi, Yohan ! Tu t'adaptes ! Est-ce que Charlotte n'y serait pas pour quelque chose ? »

Pour toute réponse, Yohan lui adresse un sourire de connivence et lance un regard complice à la fillette, qui s'empourpre de contentement.

« J'aimerais que tu réfléchisses à un petit travail, mon grand, poursuit Novak. J'ai demandé la même chose à tous tes camarades...

— On va faire des exposés pour que le prof connaisse mieux le Québec, s'empresse d'expliquer Charlotte.

— Anaïs et Julie, par exemple, vont m'écrire une liste d'expressions typiquement québécoises, reprend l'instit. Tu sais, celles qui nous font tellement rigoler... »

Il singe l'accent local, en roulant exagérément les « r » :

«... nous autrrrres, les Frrrrançais... »

Devant la mauvaise imitation, Charlotte lève les yeux au ciel sans commentaire.

« Sylvain, lui, a choisi le patinage de vitesse... Avec Jérôme, évidemment ! reprend-elle.

— Et Charlotte, les Eskimos !

— Pas les “Eskimos”, les Inuits, Victor ! » le corrige gravement la fillette.

Puis, se tournant vers Yohan avec une moue boudeuse :

« Moi, je suis toute seule pour faire mes recherches. Les autres, ça ne les intéresse pas du tout, les Inuits !

— As-tu demandé à Yohan ? suggère l'instit.

— Pas encore... »

Le nouveau ébauche un sourire coquin.

« Je veux bien... »

Ravie, Charlotte bat des mains et pousse un cri de joie :

« YES !

— Parfait, ajoute Victor, c'est une affaire qui roule ! »

Il fait mine de s'éloigner, puis se ravise et revient sur ses pas.

« Au fait, j'y pense : on va bientôt faire une sortie avec la classe, il faudrait que tu apportes cinq dollars pour l'autocar.

— Il veut dire l'autobus », rectifie Charlotte.

Le petit visage de Yohan est redevenu grave lorsqu'il répond : « D'accord » d'une voix un peu tremblante.

3

Christophe avait raison : on ne peut pas dire que la chambre d'hôtel soit luxueuse. C'est même exactement le contraire. Son papier peint se décolle par endroits sous l'effet de l'humidité, sa moquette est tachée. Un lit à courtepointe usée, une table, une chaise et une vieille armoire bancale la meublent sommairement, et l'ampoule qui pend au plafond n'a pas d'abat-jour. Ça donne une lumière crue et triste. Quant au coin toilette, séparé de la pièce par un paravent, il est plutôt minable : la glace est ébréchée et le robinet goutte sans arrêt.

Mais bon, la pension ne coûte pas cher et l'accueil d'Alouette vaut tous les conforts du monde.

Yohan, en pyjama, regarde tomber la neige, le front collé à la vitre. A l'emplacement de son nez, un rond de buée apparaît et s'estompe au rythme de sa respiration. Deux ou trois fois déjà, il a essayé d'y dessiner quelque chose du bout du doigt, mais ça s'efface tout de suite. Alors il a renoncé et se contente de suivre la chute des flocons dans le halo chiche des réverbères.

« Arrête donc de rêvasser, lui dit une voix dans son dos. Ferme plutôt les rideaux pour garder la chaleur. Et mets-toi au travail : ta rédaction ne va pas s'écrire toute seule ! »

Yohan se retourne. Patrick a levé les yeux des petites annonces qu'il parcourait attentivement et, le bic en l'air, regarde son fils avec tendresse.

« Je sais pas quoi raconter, moi… gémit l'enfant.

— C'est quoi, le thème ?

— Les vacances…

— Eh bien ? Il n'y a rien de plus facile ! »

Tandis que Yohan hausse les épaules, pas convaincu, son père se replonge dans son journal. Une offre d'emploi vient d'attirer son attention : on recherche de la main-d'œuvre sur un chantier. D'un trait bleu, il l'entoure.

« Facile, facile… C'est vite dit, ça ! » ronchonne le gamin en étalant livres et cahiers sur la table.

Il s'assied, sort une feuille vierge de son classeur et inscrit en titre : *Rédaction*. Puis il souligne, et cherche l'inspiration en suçant son stylo.

« Des vacances, ça fait longtemps qu'on n'en a pas pris... » finit-il par soupirer.

Patrick, que ces lamentations commencent à agacer, répond, un peu vivement :

« Mais invente, sacré nom ! Fais travailler ton imagination !

— Et pour l'argent de la sortie, faut que j'invente aussi ? » rétorque l'enfant avec une mauvaise foi flagrante.

Au même moment, on frappe à la porte.

« Oui, entrez ! »

C'est Alouette, solide quinquagénaire au visage avenant. Elle passe la tête par la fente et sourit à Yohan. Puis fait un signe discret depuis le seuil.

« Patrick, je peux te voir une seconde ?

— J'arrive. »

Il se lève, la rejoint sur le palier. Resté seul, Yohan se trémousse un instant sur sa chaise, mordillant avec de plus en plus d'acharnement le bout de son stylo. Faire travailler son imagination... Il en a de bonnes, papa !

D'un geste machinal, l'enfant glisse la main vers sa trousse et en sort une grosse bille colorée qu'il lève vers la lumière. Durant quelques secondes, comme fasciné, il regarde les reflets de l'ampoule jouer dans les profondeurs de verre irisé, puis sa frimousse s'illumine et, soudain inspiré, il fonce sur son devoir et se met à écrire.

Alouette n'a pas pour habitude de tourner autour du pot.

« C'est à propos de la chambre. Tu comptes me la payer quand ? » demande-t-elle à brûle-pourpoint.

Patrick accuse le coup mais ne répond pas immédiatement. Il se mordille les lèvres d'un air embarrassé.

« Faut que je sache, moi… insiste l'hôtelière.

— Si ça pouvait attendre demain, ça m'arrangerait… »

Il a parlé d'une voix si étranglée qu'Alouette ne peut que se laisser attendrir.

« Normalement, ici on paie d'avance. Mais du moment que tu viens de la part de Christophe… »

Elle a un petit mouvement fataliste de la tête, et s'enquiert gentiment :

« T'as de gros problèmes ? »

La question est inutile, ça se voit à l'œil nu. Aussi s'empresse-t-elle d'ajouter :

« Je peux te faire un petit rabais mais… (un soupir) tout le monde a besoin de sous…

— Demain, je vais toucher mon Bien-Etre Social[1] et je te paie ce que je te dois, promis ! »

Sensible au ton de sincérité de son client, Alouette s'épanouit.

« O.K. ! Tu as de quoi souper ? »

Un geste évasif :

« Ça ira, le gosse a mangé, grogne Patrick.

— Et toi ? »

Pas de réponse.

« Viens avec moi, il me reste une demi-casserole de purée de pois au lard. J'en ai préparé trois fois trop, ce soir… » dit Alouette avec un bon sourire.

La rédaction avance à la vitesse grand V. Yohan écrit, écrit, comme s'il ne devait plus jamais s'arrêter. Les mots courent sous sa plume avec une aisance qui l'émerveille lui-même. C'est à peine s'il s'arrête de temps en temps pour souffler.

Pourtant, au beau milieu d'une phrase, le voilà qui relève la tête. Une idée subite vient de

1. Équivalent du RMI (Revenu Minimum d'Insertion).

jaillir dans son cerveau. Il jette un coup d'œil à droite, à gauche, et aperçoit ce qu'il cherchait : la vieille télévision, posée sur un guéridon branlant, qui occupe un coin de la pièce. D'un bond, il se rue sur elle et l'allume. Déception : des zébrures illisibles strient l'écran.

« Elle est bonne pour la poubelle, cette télé ! » râle l'enfant.

Puis il avise le journal qui traîne sur le lit et l'ouvre à la page des programmes. Son doigt cherche un instant dans la liste des feuilletons.

« Aktaris… Aktaris… ânonne-t-il à mi-voix. Ah, voilà ! »

Il se plonge dans le résumé de l'épisode du jour, le parcourt deux trois fois des yeux. Ensuite, comme s'il s'agissait d'une leçon à apprendre par cœur, il cache le texte et répète avec concentration :

« Célibor détruit le vaisseau de secours d'Aktaris avec sa catapulte à lumière. Le Géno… »

Il jette un coup d'œil furtif sur la page, rectifie :

«… Géronaute s'attaque alors aux Akénomèdes… Célibor… Aktaris… Géronaute… Akénomèdes… »

4

A dix ans, on s'adapte vite. Le lendemain matin, quand Yohan arrive à l'école, il se sent déjà chez lui. D'ailleurs, si Sylvain et Jérôme se détournent ostensiblement à son approche, Anaïs, elle, va franchement à sa rencontre.

« Salut ! C'est vrai que tu travailles avec Charlotte ? demande-t-elle avec un grand sourire.

— Ben oui… Elle était toute seule avec ses Inuits. »

Le sourire de la rouquine s'éteint illico, faisant place à une grimace dépitée :

« Oh, zut alors !

— Pourquoi ?

— Moi aussi, j'aurais voulu travailler avec toi ! »

Yohan écarte les deux bras en signe d'impuissance. Mais en même temps il bombe le torse, flatté qu'on le sollicite de la sorte. Pensant consoler la fillette, il déclare, assez fort pour être entendu de Sylvain et Jérôme :

« Au fait, c'est toi qui avais raison : Gallia, il est de la famille de Nakamé. Je m'en suis rappelé en regardant l'émission d'hier soir. »

Surpris, Jérôme et Sylvain font une drôle de tête, tandis qu'Anaïs sursaute :

« T'as regardé Aktaris ? Mais... »

Yohan la coupe avec assurance :

« Génial, le coup du vaisseau démoli par Célibor avec sa catapulte à lumière ! Et quand le Géno... heu... Géronaute s'attaque aux Akénomèdes ! J'aurais pas voulu manquer ça ! »

Un grand silence succède à cette fanfaronnade. Muette, bouche ouverte, Anaïs contemple Yohan avec stupeur. Jérôme et Sylvain semblent sidérés, eux aussi.

« T'as vu tout ça, toi ? » finit par lâcher Sylvain.

Petit à petit, son étonnement s'est changé en ironie cinglante. A présent, il arbore un rictus à vous faire froid dans le dos.

« Les fermiers, ça a de bons yeux ! » lui glisse Jérôme avec un petit ricanement féroce.

Et tous deux de pouffer méchamment dans leurs mains.

« C'est quoi, votre problème ? se raidit Yohan, taraudé par une sourde inquiétude.

— Notre problème, c'est que t'es rien qu'un maudit menteur ! » grince Sylvain.

Et sans laisser à l'accusé le loisir de protester, il ajoute :

« Hier, l'émission, ils l'ont pas passée, à cause du match de hockey ! »

L'humiliation de son « ennemi », qui se ratatine à vue d'œil, le fait jubiler.

« Il a peut-être une télé spéciale ? » suggère Jérôme, goguenard.

Yohan est au supplice. Il donnerait n'importe quoi, à cette minute précise, pour se changer en souris et disparaître loin de ses tourmenteurs. Ou, à l'inverse, devenir un mammouth et les écraser sous sa patte gigantesque. Malheureusement ce genre de vœu ne se réalise que dans les rêves, et il reste à se tortiller, empêtré dans sa honte, fixant ses lacets de chaussures jusqu'à ce que son regard se brouille.

Anaïs, désolée, cherche une idée pour le réconforter, mais ne la trouve pas.

Sylvain s'approche, fier comme un coq. Face à l'enfant vaincu, il se sent plus grand et plus fort que jamais. C'est une impression enivrante. Va-t-il envoyer, d'une bourrade, son adversaire rouler dans la neige ? Non, « ce maudit menteur » n'en vaut même pas la peine. Il y a mieux à faire...

L'anorak de Yohan est troué au coude. Sylvain glisse son doigt dans la déchirure et tire d'un coup sec. Puis il tourne les talons et lance par-dessus son épaule, avec tout le mépris dont il est capable :

« Retourne donc à Tahiti avec ton manteau plein de trous, pauvre crasseux ! »

Un instant cloué sur place par la surprise, Yohan bondit sur le mufle avec un hurlement de rage :

« Gros lard épais ! » l'insulte-t-il en s'agrippant à sa capuche.

Pour une belle empoignade, c'est une belle empoignade ! Les coups pleuvent, bras et jambes partent dans tous les sens. Bientôt, les combattants roulent sur le sol gelé, excités par le cercle de spectateurs qui s'est aussitôt formé autour d'eux et trépigne :

« Vas-y, Sylvain ! Casse-lui la gueule !

— Défends-toi, Yohan ! Prouve que t'es un homme !

— Cogne-le, ce mangeur de patates ! »

Alerté par les cris, Victor traverse rapidement la cour et s'interpose pour séparer les combattants.

« Arrêtez ! ordonne-t-il, en fonçant dans la mêlée. Arrêtez tout de suite ! Vous êtes devenus fous ? »

Il attrape chacun des garçons par un bras et les éloigne l'un de l'autre. Mais il a bien du mal à en venir à bout : Yohan et Sylvain, rouges, échevelés, suants, continuent à se débattre en échangeant des regards haineux.

« Lâche-moi ! Je vais lui écrabouiller son sale nez ! braille Yohan, hors de lui.

— Essaie un peu, minable ! » riposte son adversaire.

L'instit les secoue comme des pruniers :

« Du calme, ou c'est moi qui vais me fâcher ! Qu'est-ce qui vous prend, de vous battre comme des sauvages ?

— C'est Chicoutimi qui a commencé ! » intervient Jérôme.

Sous la poigne de fer qui les maintient, les gamins cessent peu à peu de gesticuler.

« Je vous préviens, poursuit Victor, ne recommencez jamais ça ou vous aurez affaire à moi, compris ? »

La sonnerie qui retentit crée un mouvement

de foule dans le groupe compact massé autour d'eux.

« Allez, en classe, et vite ! » dit l'instit en relâchant d'abord Sylvain puis, quelques instants plus tard, un Yohan encore frémissant de colère, la manche en lambeau.

« Avant de commencer, je vais ramasser l'argent pour la sortie, annonce Victor Novak avec une sévérité inhabituelle. Préparez votre enveloppe et posez-la sur votre bureau. En silence, s'il vous plaît. »

Brouhaha. Des claquements de pupitres, bruits de chaises et rumeurs de bavardage emplissent immédiatement la salle. L'instit frappe dans ses mains :

« J'ai dit : en silence ! »

Il a l'air si énervé que Yohan, qui s'est approché doucement de l'estrade, a un mouvement de recul.

« Que veux-tu encore ? l'apostrophe Victor.

— Heu... J'ai oublié mes sous à la maison... »

Devant sa mine déconfite, l'instit se radoucit aussitôt :

« Ce n'est pas grave, tu me les apporteras demain. »

L'enfant remercie d'un sourire et se glisse à sa place avec un soulagement visible.

« J'ai pensé à toi... Regarde ce que je t'ai apporté ! » lui souffle sa voisine.

Un livre sur les Inuits, abondamment illustré. Yohan s'y plonge aussitôt et, tempe contre tempe, Charlotte et lui commentent bientôt les photos à voix basse.

5

Tandis que l'employé de banque tamponne le chèque de « Bien-Etre Social » que Patrick vient de lui tendre, ce dernier compte soigneusement les billets. La liasse est bien mince : à peine de quoi survivre un mois, en se serrant la ceinture. Mais au moins, il va pouvoir régler sa note d'hôtel. Avoir un toit, c'est quand même l'essentiel...

Au guichet voisin, un client ne perd pas un seul de ses gestes. Grand, mal rasé, une écharpe noire entortillée autour du cou, il feint de remplir un bordereau. Lorsque Patrick, ayant fourré sa maigre fortune dans son portefeuille et enfoui ce portefeuille dans sa poche, s'éloigne vers la sortie, il le suit.

Devant la banque, faisant les cent pas sur le trottoir gelé, un clochard pauvrement vêtu propose aux passants l'un de ces journaux de rue qui permettent aux sans-abri de gagner un peu d'argent.

« Achetez *L'Itinéraire*, des articles passionnants, des photos superbes, et une bonne action en prime ! » bonimente le vendeur.

Son regard croise celui de Patrick, ils se reconnaissent. Tous deux sont dans la même galère...

La phrase de Christophe résonne encore aux oreilles de Patrick :

« Prends-le, tu auras un jour l'occasion de le rendre à quelqu'un. » Et en disant cela, le grand Christ sympathique lui tendait cinq dollars. Lorsqu'il y pense, Patrick a la gorge qui se serre de reconnaissance.

Il glisse la main dans sa poche, en sort cinq dollars, les donne au vendeur. Ainsi, la chaîne de solidarité continue...

Le clochard lui tend le journal, cherche la monnaie dans sa poche.

« Laisse... » fait Patrick en s'éloignant.

L'autre le remercie d'un sourire et s'en va de son côté. Alors, à son tour, l'homme à l'écharpe noire sort de la banque.

*

* *

«… et c'est à cette occasion que Frontenac a lancé à l'envahisseur anglais une phrase très célèbre. Laquelle ? »

Pas un élève ne bronche. Quelques moues d'ignorance naissent sur les visages. Victor Novak insiste :

« Allons, réfléchissez, je suis sûr que vous l'avez déjà entendue… C'est l'histoire de votre pays, ça ! »

Soudain, au troisième rang, un doigt se lève.

« Oui, Charlotte ?

— *Je vous répondrai par la bouche de mes canons !* »

Victor applaudit :

« Mais elle sait tout, cette petite ! » s'exclame-t-il, prenant la classe à témoin.

Un autre doigt se lève. Celui de Sylvain. L'instit lui fait un signe de tête.

« Il venait d'où, Frontenac ? demande le garçon.

— De Chicoutimi ! » pouffe Jérôme.

Une salve de rires salue sa repartie.

« Pas du tout, dit Victor, ignorant volontairement l'ironie de la remarque. Il était d'origine française. »

Tout en parlant, il se lève, s'approche d'une carte de France accrochée au mur, et pose l'index sur un point précis de l'hexagone.

« Il est né à Saint-Germain-en-Laye, pas très loin de Paris.

— Et toi, tu habites où ? » demande la gentille petite voix d'Anaïs.

Victor a un sourire mystérieux, et promène le dos de sa main sur toute la surface de la carte.

« Un peu partout... en Bretagne... dans le Poitou... en Auvergne... Au pied des Cévennes : une belle région, très sauvage, avec de jolis petits sentiers et des rivières à truites...

— Tu vis dans tous ces coins-là à la fois ? » s'étonne Anaïs.

Ses yeux et sa bouche se sont arrondis. Sous la frange rousse qui lui mange les sourcils, son expression traduit un tel ahurissement que l'instit ne peut s'empêcher de rire.

« Ben oui, répond-il. Je suis une sorte d'itinérant ! »

A ces mots, toute la classe s'esclaffe comme un seul homme. Sauf Yohan, qui est resté de marbre.

« Qu'est-ce que j'ai dit comme bêtise ? s'étonne Victor.

— "Itinérant"... gazouille Anaïs, encore

pliée de rire sur son bureau. “Itinérant”, ici c’est comme ça qu’on appelle les pauvres, ceux qui n’ont pas de maison et qui dorment dans la rue. »

Yohan est devenu tout rouge, mais personne ne s’en est rendu compte. Personne… sauf Novak, mais il n’en laisse rien paraître.

« Chez moi, on dit plutôt SDF, ça signifie “sans domicile fixe”, mais je n’emploie jamais ces trois lettres. Désigner des gens par des initiales sous prétexte qu’ils n’ont pas de logement, je trouve ça insultant.

— Il y en a aussi en France, alors ?

— Hélas oui, et de plus en plus, surtout dans les grandes villes. La plupart du temps, ce sont des personnes qui ont perdu leur travail. Sans travail, pas d’argent, et sans argent, pas de logement. Alors, ils sont bien obligés de vivre dans la rue… »

Yohan s’est redressé comme un diable sortant d’une boîte :

« C’est pas juste !

— Il a raison, renchérit Charlotte d’une voix forte : ça ne devrait plus exister, la pauvreté. En plus, il paraît qu’on est des pays riches… »

Sylvain a froncé les sourcils dans sa direction :

« Mon père, il dit que les itinérants c’est des

ivrognes et des tire-au-flanc qui ne veulent même pas travailler ! »

Yohan regarde droit devant lui, dans le vide. Il a serré les lèvres si fort que le tour de sa bouche est tout blanc. Sans doute pour les empêcher de trembler.

« Pourquoi on devrait payer pour des gars pareils ? ajoute Jérôme. Ils n'ont qu'à se débrouiller, après tout !

— Quelquefois "se débrouiller" est impossible, dit doucement Victor. Il y a de moins en moins de travail dans nos pays, et de plus en plus de gens qui en cherchent. C'est un peu facile, quand on est privilégié, qu'on a un toit, un boulot et la paie qui tombe tous les mois, de traiter les autres de paresseux et de se désintéresser d'eux !

— Dans les peuplades primitives, tout le monde s'entraidait, signale Charlotte. Les riches partageaient avec ceux qui n'avaient rien. »

Victor pointe l'index vers elle.

« Les Inuits, par exemple ? » demande-t-il.

La fillette hoche la tête avec conviction.

« Les civilisations qui paraissent en retard sur la nôtre ont bien des choses à nous apprendre, poursuit l'instit avec un regard appuyé en direction de Sylvain et Jérôme. En ce qui concerne la solidarité, par exemple... »

C'est au tour d'Anaïs de prendre la parole. Son museau de souris est d'une gravité inaccoutumée.

« Moi, j'ai pas d'argent, mais quand je rencontre un clochard, je lui dis bonjour. Comme ça, il se sent un peu moins seul. Déjà, ne pas savoir où aller, c'est pas drôle, mais si en plus les gens vous font la tête... »

Interrompant le touchant aveu, la sonnerie de fin de cours retentit.

« Bon, nous reprendrons cette discussion plus tard, annonce l'instit en se levant. Mais je vous invite à suivre l'exemple d'Anaïs. Quand il fait froid dehors, avoir chaud au cœur, ça aide à vivre... »

*

*   *

Un sac en plastique plein de provisions dans chaque main, Patrick sort d'un supermarché où il vient de faire ses courses. Pain, beurre, fromage, fruits, légumes... ce soir, ce sera la fête au *Tourist-room* ! D'autant qu'une tablette de chocolat et des yaourts aux fraises – les préférés de Yohan ! – trônent au sommet des paquets. Imaginer la joie de son p'tit bonhomme remplit Patrick d'un sentiment doux-amer. Comme il voudrait que cet enfant-là ne manque jamais de rien…

Soudain, quelqu'un le bouscule violemment. Surpris, il lâche l'un de ses sacs. Patatras ! Conserves et barquettes roulent dans le caniveau. Les yaourts aux fraises explosent sur le trottoir, projetant une pluie rose et crémeuse dans la neige.

« Oh, pardon ! » s'excuse le passant maladroit. Et il se précipite pour réparer, tant bien que mal, les dégâts.

Mais tandis que Patrick, accroupi par terre, achève de ramasser ses courses éparpillées, l'autre lui glisse subrepticement la main dans la poche et vole son portefeuille. Puis, après un dernier salut, il s'éloigne, et le vent s'engouffre dans son écharpe noire.

Patrick, qui n'a rien remarqué, repart, un peu triste. Il n'y aura pas de yaourt pour le dessert.

« Bah ! On se consolera avec des fruits ! » murmure-t-il, faisant contre mauvaise fortune bon cœur.

6

« Tiens, j'ai recousu l'anorak de ton fils, dit Alouette, en sectionnant le fil avec les dents. C'est pas joli joli mais, comme disait ma mère, “un vilain raccommodage vaut mieux qu'un bel accroc”. »

Elle tend le vêtement à Patrick, puis s'aperçoit de son embarras.

« Qu'est-ce qui se passe ?

— J'ai pas l'argent... »

Il se dandine d'un pied sur l'autre, comme un enfant fautif. Alouette se rembrunit.

« Tu m'avais promis ! » rétorque-t-elle sur un ton de reproche.

Patrick ne sait plus où se mettre.

« Je sais, bredouille-t-il, mais... on m'a tout volé. »

S'il y a bien quelque chose qui met Alouette hors d'elle, c'est le mensonge. Elle lève les yeux au ciel d'un air exaspéré.

« C'est pas la peine de te moquer de moi, je ne suis pas née de la dernière pluie ! s'écrie-t-elle. Écoute-moi bien, je n'irai pas par quatre chemins : ou tu me payes, ou tu t'en vas.

— Je te dis la vérité, Alouette, je te le jure : on m'a piqué mon portefeuille... »

Le désarroi de Patrick fait peine à voir. Mais, persuadée qu'il joue la comédie, sa logeuse n'en tient pas compte. Des clients sans scrupule ont si souvent abusé de son bon cœur que maintenant, elle se méfie.

« Je veux bien croire que tu as des difficultés, s'emporte-t-elle, mais tu aurais quand même pu inventer une excuse moins stupide ! »

En entendant la voix de son père, Yohan a ouvert la porte de la chambre pour courir à sa rencontre. Mais très vite, la teneur de la discussion, qui lui parvient de l'autre bout du couloir, l'atterre. Il écoute maintenant, en retenant son souffle, tapi dans l'ombre. Et ce qu'il entend fait monter en lui une grosse, très grosse colère. Pour qui se prend-elle, cette affreuse bonne femme qui ose traiter papa de menteur ?

« Vieille vache ! marmonne-t-il entre ses dents.

— Demain, j'ai rendez-vous pour un job… assure la voix de Patrick.

— C'est ça, grince celle d'Alouette, et moi, je m'appelle le Père Noël ! Si je n'avais que des clients comme toi, je coucherais dans la rue !

— C'est justement ce qui va nous arriver, à Yohan et à moi… » répond Patrick du tac au tac.

Un silence. Alouette doit être en train de réfléchir. Elle se mordille sans doute les lèvres, perplexe. Sa générosité naturelle est mise à rude épreuve !

« Bon, se radoucit-elle, je veux bien te laisser la chambre pour cette nuit, à cause du petit. Mais demain, tu dégages, sinon… »

La réponse de Patrick cingle comme un coup de fouet :

« Sinon quoi ? Tu vas appeler la police ? »

La logeuse reste un instant muette puis, très lentement, articule :

« Qu'est-ce que tu as bien pu faire, mon pauvre gars, pour te mettre dans un pétrin pareil ? »

Déjà, les pas de Patrick martèlent sèchement l'escalier. Poussé par la prudence la plus élémentaire, Yohan referme la porte comme si de rien n'était. Lorsque son père fait irruption dans la pièce, il est occupé à touiller des spaghettis dans une casserole, posée sur un camping-gaz.

La piteuse mine de Patrick frappe aussitôt l'enfant.

« Papa... » commence-t-il, en lui lançant un regard perçant.

C'est à peine si l'adulte ose lever les yeux. L'espace d'un instant, les rôles semblent inversés. Les traits émaciés du père expriment une détresse presque puérile, tandis que Yohan, feignant d'être absorbé par sa préparation culinaire, goûte une nouille avec concentration.

« Papa... »

L'enfant se brûle, souffle sur les pâtes, regoûte. Puis, d'un air détaché :

«... c'est vrai que tu t'es fait piquer tous tes sous ?

— Ah ?... Tu es déjà au courant ? »

Yohan prend le temps d'ouvrir le paquet de gruyère avant de hocher la tête. Alors Patrick se laisse tomber sur le lit, et se prend le visage dans les mains.

« C'est un bon à rien, ton père, hein... » gémit-il.

Comme une bombe, Yohan lui fonce dessus et ils roulent tous deux sur la couverture.

« Dis pas ça, p'pa, dis pas ça ! » proteste le gamin en le couvrant de bisous.

L'instant d'après, revenu à ses spaghettis, Yohan dépose la marmite sur la table.

« Mange, papa, tout ça, c'est pas grave... assure-t-il, en remplissant l'assiette de Patrick. On s'en fout de l'argent, nous deux ! On s'aime tellement qu'on s'en sortira toujours ! »

7

« Tu as tes sandwichs pour midi ? »

Pour toute réponse, Yohan tapote son cartable avec un sourire forcé.

« Attends », dit Patrick en retirant ses gants.

Il fouille dans les poches de son anorak, puis dans celles de son jean, et en extrait quelques pièces – ses dernières ! – qu'il tend à son fils.

« Tiens, tu t'achèteras du lait. »

Puis il se penche pour l'embrasser. A cet instant Victor Novak débouche à l'angle de la rue. Yohan l'aperçoit et, d'un geste brusque, repousse son père.

« Faut que j'y aille, je vais être en retard. »

Sans commentaire, Patrick se redresse, mais une tristesse profonde marque ses traits. Du doigt, il indique le parc voisin.

« Tu vois, là-bas au fond ? Il y a un étang avec des bancs autour. Je t'y attendrai ce soir, après l'école. O.K. ?

— O.K., papa.

— Travaille bien, p'tit bonhomme ! »

Déjà, Yohan file vers l'entrée de l'école. Mais en chemin, pris de remords, il s'arrête et se retourne. Dans le froid bleuté du matin, la maigre silhouette de Patrick se dessine, claudicante et voûtée. Le lourd polochon de voyage lui tire sur l'épaule.

Une irrépressible envie de faire volte-face et de courir vers lui pour le réconforter saisit l'enfant. Mais il y résiste. D'autant que l'instit, non loin, l'observe avec curiosité.

« Hello, Yohan ! s'écrie ce dernier, avec cet accent français qui amuse tant ses élèves. J'ai lu ta rédaction et… »

L'ombre de Patrick disparaît peu à peu sous les arbres du parc. A l'intérieur de sa poitrine, Yohan sent un grand vide.

« Ma rédaction ? répond-il distraitement. Je sais, elle est trop courte.

— Ce n'est pas la longueur qui compte, c'est la qualité ! Et elle n'est pas mal, pas mal du tout… »

Leurs regards se rencontrent. Celui de Victor déborde d'une chaleur communicative.

« Chouette alors ! » dit Yohan en faisant un bond de joie.

Il n'est pas au bout de ses surprises. Un peu plus tard, en classe :

« Nous allons parler de vos rédactions, annonce l'instit, en remettant leurs copies corrigées aux élèves. Dans l'ensemble, je suis content de vous, vous avez fait du bon travail. Mais je tiens à féliciter tout particulièrement l'auteur de ceci ! »

Il brandit un double feuillet quadrillé qu'il pose devant Yohan en annonçant :

« La meilleure note est pour le nouveau ! »

Le garçon pique un fard, d'autant que sa voisine, Charlotte, lui adresse, en guise de compliment, un clin d'œil maladroit.

« Et pour que tout le monde en profite bien, je vais demander à Yohan de nous lire son œuvre », poursuit l'instit.

Réaction inattendue : l'intéressé secoue violemment la tête de gauche à droite.

« Tu ne veux pas ? » s'étonne Victor.

Non, Yohan ne veut pas. Il s'obstine dans son refus incompréhensible.

« Je ne vais pas te forcer, dit l'instit, un peu décontenancé, mais franchement, c'est dommage pour tes copains ! »

Il réfléchit une fraction de seconde, puis ajoute :

« Et si Charlotte le lisait à ta place, tu serais d'accord ? »

Yohan tourne la tête vers sa compagne, et celle-ci lui sourit de toutes ses dents blanches. Comment résister ? Le garçon fait glisser le feuillet quadrillé de sa table vers la sienne.

« A la bonne heure ! s'exclame l'instit. Prends ma place, Charlotte, tout le monde te verra mieux. Moi, je m'assiérai à la tienne. »

Au milieu des commentaires ravis de la classe, Charlotte prend la copie, se lève et monte sur l'estrade. Victor, pour sa part, s'installe à côté de Yohan.

« *Mes dernières vacances* », déchiffre gravement la fillette.

Elle se racle la gorge pour s'éclaircir la voix.

« Vas-y ! l'encourage Anaïs.

— *Comme chaque année, j'étais chez mon grand-père. Il a une belle maison dans la montagne. A peine arrivé, je suis allé dans le jardin, là où est enterré mon chien Tarzan qui est mort l'année dernière, d'un seul coup, d'une crise cardiaque.*

— Ça peut mourir d'une crise cardiaque, un chien ? la coupe Anaïs, effarée. Je croyais que c'était juste les humains !

— Non, non, les chiens aussi, répond Victor. Mais si tu interviens tout le temps, on n'y arrivera jamais. Allez, continue, Charlotte ! »

Mal à l'aise, Yohan se tortille sur son siège. Cette curieuse attitude n'échappe pas à la sagacité de l'instit.

« Je me souviens que pendant qu'on creusait pour l'enterrer, papa m'avait dit qu'il y avait maintenant une étoile de plus dans le ciel : l'étoile de Tarzan. Mais je ne sais pas si c'était vrai. »

Plus un bruit, dans la classe. Pas un souffle. On entendrait voler une mouche, s'il y en avait en cette saison. La magie du récit agit sur tout le monde. Même Sylvain, pourtant visiblement jaloux du succès du « nouveau », écoute, subjugué.

« Dans la maison, papa avait allumé un grand feu dans la cheminée. Je me suis assis dans un fauteuil pour regarder les flammes, le bois crépitait et ça faisait comme des étoiles. Alors, je ne sais pas pourquoi, je me suis mis à pleurer. »

Tous les yeux se tournent vers Yohan qui, très ému, se mord les lèvres. Son menton s'est chiffonné comme, sans doute, celui du petit garçon de l'histoire, et sa bouche tremble.

« Alors maman m'a pris dans ses bras, et papa

aussi. Et j'étais tellement bien au milieu d'eux qu'on aurait dit que des plumes tombaient du ciel... »

Quelques réactions, dans la classe. Moqueuses ou attendries, suivant les caractères. Des « oh ! », des « ouah ! », un ou deux vagues ricanements. Mais la plupart des élèves, sincèrement touchés, gardent le silence.

« Le lendemain, quand je me suis réveillé, il y avait un grand panier au pied de mon lit. J'ai plongé ma main dedans, et j'ai senti quelque chose de très doux. C'était un tout petit chiot, noir et blanc comme Tarzan, avec des oreilles trop grandes pour lui. Je l'ai appelé Zorro. Autour de son cou, une petite étiquette était attachée, et dessus c'était marqué : "Pour Yohan, de la part de sa maman qui l'aime." »

La lecture s'achève. Tandis que s'élève un brouhaha d'admiration, Yohan se cache le visage dans les mains et se bouche les oreilles, en proie à une violente émotion. Stupéfaction générale. Du coup, tout le monde se tait.

Un instant pris de court, l'instit s'empresse de réagir.

« Bien, après ce petit intermède littéraire, nous allons reprendre la leçon de grammaire. Sortez vite vos livres et ouvrez-les à la page 24. »

Ne plus être le point de mire de ses camarades permet à Yohan de recouvrer son sang-froid. C'est avec soulagement et reconnaissance qu'il plonge à son tour dans son cartable. Mais auparavant, il a échangé un long regard avec l'instit. Un regard chargé de tant et tant de choses que Victor, troublé, a détourné le sien le premier.

8

« Dis-moi, Régine... »

La jeune femme à l'expression toujours un peu moqueuse lève les yeux vers l'instit en retirant ses lunettes.

« Oui, Victor ?

— A propos du petit Yohan...

— Je n'ai pas encore reçu son bulletin scolaire, si c'est ce que tu veux savoir. Je ne sais pas ce qu'ils attendent, à Chicoutimi, mais ils ne sont pas très rapides ! »

Comme elle fait mine de se replonger dans ses paperasses, Victor s'empresse de rectifier :

« C'est d'autre chose qu'il s'agit... As-tu vu sa mère, depuis qu'il est arrivé à l'école ?

— Sa mère ? sursaute Régine. Comment, je ne t'ai rien dit ? »

Étonné, l'instit fait « non » de la tête.

« M. Lafontaine est veuf, reprend la directrice. Il me l'a appris en inscrivant son fils. »

Devant l'expression stupéfaite de son interlocuteur, Régine fronce les sourcils :

« Eh bien, tu en fais une tête ! Yohan t'en a parlé ?

— A sa manière, oui...

— On devrait faire des lois pour empêcher les gens de mourir tant que leurs enfants ont besoin d'eux, tu ne crois pas ? » soupire Régine.

L'instit hoche la tête d'un air pensif :

« Oui, c'est une bonne idée... Fais une pétition, je la signerai ! »

La grande salle à manger de l'école est déserte. La plupart des enfants, ayant fini leur déjeuner, jouent dans la cour. Yohan et Charlotte s'attardent en bavardant entre les tables vides où traînent des restes de repas.

« On y va ? propose la fillette. Je voudrais faire un bonhomme de neige.

— Passe devant, je te suis. »

Tandis que sa compagne se dirige vers la sortie, Yohan jette un coup d'œil furtif autour de lui et, s'étant assuré qu'on ne pouvait pas le voir, s'empare d'une pomme et la glisse dans sa poche. Nouveau regard circulaire. Toujours personne ? Une banane, un sandwich à peine entamé, une barquette de carottes râpées et un triangle de fromage prennent illico le chemin de la pomme.

Victor, entrant dans la pièce à cet instant, surprend le geste de l'enfant, mais Yohan ne s'en rend pas compte. Charlotte l'a vu faire, elle aussi.

« C'est pour Zorro ? » lui glisse-t-elle, complice.

Yohan sursaute :

« Zorro ?

— Ben oui, ton chien ! Il s'appelle bien Zorro, non ? »

Un soulagement visible détend les traits du garçon.

« Ah oui ! Il a tout le temps faim, cet animal-là ! Il mange n'importe quoi, alors tu comprends... explique-t-il, soudain volubile.

— Attends, je vais t'aider. »

Méthodiquement, la fillette ramasse tout ce qui reste et en remplit un sac en plastique, qu'elle tend gentiment à son copain.

« Tu lui donneras ça de ma part, O. K. ? » sourit-elle.

L'instit a fait un pas en arrière pour entrer dans l'ombre. Ainsi, sa présence est passée inaperçue. Immobile et grave, il regarde s'éloigner les deux enfants, bras dessus bras dessous.

*

* *

Plus tard, dans la journée. Les élèves quittent la classe dans la confusion habituelle pendant que retentit la sonnerie de fin de cours.

Au moment où Yohan passe devant Victor, sa grosse bille de verre collée à l'œil, ce dernier le retient par sa capuche.

« Montre-moi cette merveille ! »

Il prend l'objet que lui tend Yohan et l'examine longuement. Il l'approche même de la lumière pour en faire resplendir les reflets irisés.

« C'est chouette ! s'écrie-t-il, plein d'admiration. Il est superbe, ton boulard ! »

Les prunelles de Yohan s'arrondissent :

« Mon quoi ?

— Ton bou-lard.

— C'est une bille, pas un bou-machin-chouette ! » proteste le garçon.

Dans la bouche d'un jeune Québécois, cette réflexion pourtant banale prend une telle saveur que l'instit éclate de rire.

« En France, on appelle ça un boulard,

explique-t-il. Et la taille au-dessous, un calot. Tu vois, je m'y connais en billes ! Quand j'avais ton âge, je les collectionnais. J'en avais de toutes les couleurs...

— En tout cas, celle-là, elle n'est pas comme les autres ! » affirme Yohan gravement.

Quand l'instit est perplexe ou étonné, il lève un sourcil, le gauche, en forme d'accent circonflexe.

« Ah bon ? Qu'est-ce qu'elle a de spécial ? »

La réponse tombe, lente et mystérieuse :

« Dedans, on peut voir des choses... »

Jouant le jeu, Victor se penche vers son élève et lui souffle à l'oreille :

« Comme dans une boule de cristal ? »

La petite tête de Yohan s'incline plusieurs fois.

« Tu permets que j'essaie ? » poursuit l'instit d'un air de convoitise.

Nouveau hochement de tête. Victor porte l'énorme bille à son œil, puis arbore une moue déçue :

« Je ne dois pas être très doué, je n'aperçois rien du tout... Mais peut-être que si tu m'aides, je verrai les mêmes choses que toi... »

Le visage de Yohan s'est fermé d'un seul coup.

« C'est pas la peine, marmonne-t-il. Y a qu'avec moi que ça marche. »

Comme l'enfant fait mine de vouloir se sauver, l'instit pose sa main sur la sienne.

« Tu sais, Régine m'a dit, pour ta maman...

— Alors, t'es fâché ? s'inquiète Yohan.

— Fâché ? Bien sûr que non, pourquoi voudrais-tu que...

— Ben à cause de ma rédaction, parce qu'il n'y avait rien de vrai dans ce que j'ai écrit. J'ai plus de maman... »

L'instit a du mal à cacher son émotion. Et, d'une voix un peu étranglée, il répond :

« Les plus belles histoires sont souvent celles qu'on invente... »

Dehors, la neige s'est remise à tomber et ses flocons se collent mollement aux vitres des fenêtres. Durant quelques instants, Victor suit en silence leur course tourbillonnante, puis reprend, avec beaucoup de douceur :

« Tu sais, mon grand, pendant la classe, je vous observe tous. Et toi, – je peux me tromper, bien sûr ! – j'ai l'impression que tu as des ennuis. Je ne sais pas lesquels mais... simplement, j'aimerais que tu m'en parles... Tu comprends ? »

Yohan ne répond pas, mais fixe son instituteur. Une tentation terrible, vertigineuse le saisit. Celle de se laisser aller dans les bras de cet homme compréhensif, et de tout lui raconter.

Il ouvre la bouche, pense à son père… et la referme sans avoir rien dit.

La lutte intérieure n'a pas pris plus de trente secondes, mais Victor a pu en suivre toutes les phases sur son visage. Après avoir failli se confier, Yohan est à nouveau bouclé à double tour.

« Je peux y aller, maintenant ? demande-t-il. Mon père n'aime pas que je traîne après l'école.

— Ton père, c'est le monsieur que j'ai vu avec toi, ce matin ?

— Ce matin ? Certainement pas ! Je viens tout seul, comme les autres ! » ment Yohan avec aplomb.

L'instit a un geste fataliste :

« Bon, allez, file… Et pense à ce que je t'ai dit, hein ? »

Le petit garçon est déjà loin. Dans sa hâte, il a oublié le boulard sur le bureau de Victor. Ce dernier s'en saisit et l'inspecte d'un air songeur. Dans les profondeurs du verre miroitent mille reflets irisés.

9

Sur l'étang gelé, les patineurs évoluent gracieusement. Patrick ne les quitte pas des yeux. Il y a des heures qu'il est assis là, sur ce banc, ratatiné, une vapeur lui sortant des narines. Sous le bonnet rayé qui descend au ras de ses sourcils, sa peau a bleui. Ses lèvres, paralysées par le froid, sont couvertes d'une fine pellicule de givre.

C'est dans cet état que Yohan le trouve lorsqu'il parvient, hors d'haleine, au lieu du rendez-vous.

On ne peut pas dire que son père lui réserve un bon accueil !

« Yohan ! Où t'étais passé ? Je t'attends, moi ! articule-t-il avec difficulté.

— C'est à cause de mon prof, plaide le

gamin. Il voulait plus me lâcher... Il m'a posé trois mille questions ! »

Patrick sursaute :

« Des questions ?

— Oui, il m'a dit qu'il se faisait du souci pour moi. »

Dans ses poches trouées, Patrick serre les poings jusqu'à ce que ses phalanges lui fassent mal :

« Qu'est-ce que tu lui as dit ? s'écrie-t-il, en fusillant son garçon du regard.

— Rien, papa, t'inquiète pas !

— Qu'il se mêle donc de ses affaires, lui ! Allez viens, ne restons pas là... »

Côte à côte, père et fils se mettent en route. Ils longent l'étang gelé où deux patineurs font la course, glissant sur la surface avec une grâce aérienne. Patrick semble obnubilé par le spectacle. Une expression rêveuse adoucit ses traits où frissonne un sourire intérieur.

« Quand j'étais petit, moi aussi je venais patiner ici, murmure-t-il. C'est même là que j'ai chaussé des patins pour la première fois. »

Son haleine s'échappe de sa bouche en volutes blanches. « On dirait qu'il parle comme dans les BD, en faisant des "bulles" », pense Yohan. Parole ! Si ce que raconte son père apparaissait soudain au centre du « phylactère » en gros caractères noirs, il n'en serait que moyennement étonné !

« Avec ma bande de copains, on avait appelé cet endroit *Wadjou*, poursuit Patrick. C'est un mot indien qui signifie *Le Pays des Braves*.

— Ouah, génial ! s'exclame Yohan, sincèrement épaté.

— On y venait même la nuit, quelquefois. En cachette, bien sûr : à partir de vingt heures, c'est interdit. »

Du doigt, il indique deux cavaliers de la police montée qui parcourent lentement les allées, juchés sur leurs montures. Chapeaux à larges bords, uniforme rouge, bottes... Vrai, ils ont fière allure !

«... On était tous impatients de devenir grands, on se racontait nos vies futures, en en rajoutant des tonnes... On se voyait tous riches et célèbres... »

Il a une sorte de ricanement amer, qui projette dans l'espace un phylactère géant : « Riche et célèbre, tu parles ! »

Sur le miroir scintillant de l'étang, les patineurs passent et repassent, se croisent et s'entrecroisent, dessinant les figures d'un étrange ballet. Il y a de la souffrance, à présent, sur le visage crispé de Patrick qui les regarde.

« Pourquoi je t'embête avec ces vieux

souvenirs, mon p'tit bonhomme ? soupire-t-il.

— Parce que tu es mon père et que tu m'aimes ! » répond sentencieusement le gamin.

*

* *

« Je ne te dérange pas ? » demande Victor Novak, en entrant en catimini dans le bureau de la directrice.

Avec une moue malicieuse, celle-ci abandonne un instant son ordinateur.

« Bien sûr que si, tu me déranges ! Mais ça ne fait rien, qu'est-ce que tu veux ?

— Le père de Yohan, c'est bien ce type très maigre avec un bonnet rayé et une parka vert sombre ? »

Régine hoche la tête en fronçant les sourcils :

« Pourquoi ? Tu as un problème avec le petit ?

— Je peux jeter un coup d'œil à sa fiche d'inscription ? »

Après une légère hésitation, la jeune femme se lève, sort un classeur d'un rayonnage, le feuillette.

« Cet enfant fréquente l'école normalement, il n'a pas l'air maltraité ni rien, et tu me dis qu'il travaille très bien, alors je ne vois pas... »

Dans le creux de sa main, Novak fait rouler un objet qu'il fixe d'un air songeur : le boulard.

« C'est curieux ce qui se passe avec ce gosse, dit-il, comme pour lui-même. Il nous cache des choses...

— C'est l'habitude, en France, de faire une montagne d'un grain de sable ? » demande Régine avec ironie, en tendant la fiche à l'instit.

Ce dernier s'en empare, la parcourt, sursaute, et répond du tac au tac :

« C'est l'habitude, au Québec, pour un père et un fils, de vivre à l'hôtel ? »

Il se mordille les lèvres et ajoute lentement :

« Ce matin, en emmenant Yohan à l'école, M. Lafontaine trimbalait sa valise avec lui... »

10

Le foyer *SOS SANS-ABRI* se trouve dans un vieil immeuble, à l'angle d'une rue peu passante. Mais dès cinq heures du soir, il y a foule. Une file d'attente s'agglutine aux abords du porche : clochards, mendiants, junkies, émigrés sans papiers, jeunes et vieux confondus, tous pareillement frigorifiés, tous marqués du sceau de la misère. Ils piétinent pour se réchauffer, engoncés dans leurs hardes, nimbés de buée, en attendant l'heure d'ouverture.

Deux personnes viennent de se joindre à ce morne groupe. Un homme et un enfant, qui se tiennent par la main.

La gorge serrée de l'homme ne laisse passer qu'un mince filet de voix :

« C'est juste pour cette nuit... promet-il, navré. Demain, on... »

La réponse fuse, faussement insouciante :

« Moi, je trouve ça rigolo... On se croirait dans un camp de vacances ! »

De toutes ses forces, Yohan serre les doigts de son père entre les siens. Ah, s'il pouvait lui transmettre un peu de son optimisme ! Anéanti par la honte et la tristesse, Patrick répond avec reconnaissance à la tendre pression. Mais ça ne le déride pas pour autant.

« Fais pas cette tête-là, papa, supplie le gamin. Du moment qu'on est ensemble, c'est l'essentiel, non ? »

Tant de confiance arrache un sourire à Patrick – mais au prix de quel effort !

« Tu as raison, mon p'tit bonhomme, on s'en sortira, je te le promets ! »

Une sonnerie résonne dans le bâtiment. C'est le signal d'ouverture des portes. Dans un désordre indescriptible, tout le monde se rue à l'intérieur.

Le hall du foyer est vaste et chauffé. Des volontaires y distribuent des cafés, sur lesquels les itinérants se jettent avidement. Une boisson fumante, c'est le début du bien-être. Si, sous toutes les latitudes, « être à la rue » est une situation terrible, elle atteint, dans le rigoureux climat canadien, les sommets de l'insoutenable.

Une femme entre deux âges, la responsable du Centre, surveille les opérations. En apercevant Patrick et Yohan, elle tressaille et se dirige vers eux d'un pas rapide :

« Je ne peux pas accepter d'enfant ici ! dit-elle.

— Pourquoi ? se rebiffe Patrick, sur le qui-vive.

— Nous ne sommes pas équipés, c'est un foyer pour hommes seuls... Je suis désolée... »

Le visage de Patrick s'est durci. Supplier est au-dessus de ses forces. On ne veut pas de lui ? Même la pauvre halte des plus démunis lui est refusée ? Eh bien, il s'en ira. La tête haute, mais une rage terrible dans le cœur.

Passant un bras qui tremble un peu autour des épaules de son fils, il l'entraîne :

« Allez, viens, p'tit... On va voir ailleurs... »

Touchée par ce qu'elle perçoit de détresse et de fierté dans cet homme, la responsable l'arrête d'un geste :

« Attends... ne te fâche pas... »

Avec une sincère sympathie, elle se penche vers Yohan et lui caresse la joue.

« Quel âge as-tu ?

— Dix ans et demi.

— Tu vas à l'école ? »

Yohan ouvre la bouche pour répondre, mais son père le devance :

« C'est même le meilleur de sa classe en rédaction ! Pas vrai, Yohan ?

— Oui ! se rengorge l'enfant.

— Et ça fait combien de temps que vous êtes comme ça sans logis, tous les deux ? » reprend la femme.

Les traits de Patrick se crispent :

« C'est la première fois qu'on fréquente un endroit comme celui-ci ! »

Perplexe, la responsable se mordille les lèvres avec embarras. Ils sont si touchants, ces deux-là. Elle aimerait vraiment faire quelque chose pour eux, même si ça n'entre pas dans ses attributions !

« Et ta maman, où est-elle ? » demande-t-elle à Yohan.

Cette fois, c'en est trop. Patrick monte sur ses grands chevaux.

« Ça rime à quoi, cet interrogatoire ? C'est pas assez humiliant de demander la charité, faut encore répondre à des questions de flics, comme si on était des criminels ? »

Sans attendre que les choses dégénèrent, Yohan intervient. C'est qu'il connaît la « grande gueule » de son père ! Et il s'en méfie !

« Calme-toi, papa… s'il te plaît ! » implore-t-il.

La directrice du centre en a vu d'autres. L'éclat ne l'impressionne pas.

« On ne peut pas vous laisser comme ça, décide-t-elle, il va faire moins quinze, au moins, cette nuit. Je crois que j'ai une idée. Je connais quelqu'un à la Protection de la Jeunesse, un type bien ! Laissez-moi le temps de lui téléphoner, je vais vous arranger ça très vite. »

Et elle s'éclipse, sur une dernière recommandation :

« Attendez-moi là, je reviens tout de suite. »

A peine a-t-elle tourné le dos que Patrick souffle à son fils :

« Allez, viens ! On file !

— Pourquoi ? proteste l'enfant. Elle a dit d'attendre.

— Discute pas, on s'en va ! »

Et malgré la réticence de Yohan, son père l'entraîne vers la sortie.

*

* *

Au même moment :

« Ils sont partis ce matin… Croyez-moi, ce n'est pas de gaieté de cœur que j'ai… »

Mal à l'aise, Alouette ne termine pas sa phrase. Il y a des heures que sa conscience lui fait des reproches, d'autant que le thermomètre ne cesse de baisser.

« Faut bien que je paie mes factures, moi aussi ! grommelle-t-elle, en guise d'excuse.

— Vous avez pu parler avec le père du petit ? Il vous a semblé comment ? » insiste Novak, pressant.

Indécise, l'hôtelière hausse les épaules :

« C'est pas le genre à se confier, ce gars-là... Il se méfie de tout et de tous, comme s'il avait peur de se faire repérer...

— Je suis inquiet pour Yohan... Très, très inquiet... Vous n'avez aucune idée de l'endroit où ils ont pu aller ? »

Nouveau haussement d'épaules, fataliste cette fois :

« Les retrouver dans Montréal en pleine nuit... »

11

Même à cette heure avancée, la gare routière est pleine de monde. C'est de là que partent les cars qui vont sillonner le pays, vers les villes les plus reculées du Canada et des États-Unis. Sous le grand tableau lumineux où s'affichent les horaires de départ, Yohan, roulé en boule, tente de préserver un peu de sa propre chaleur, malgré les courants d'air.

Il n'est pas seul dans ce cas. D'autres sans-abri ont trouvé ici un semblant de refuge. On les reconnaît à leur dégaine misérable, à leurs joues gercées par le froid, à cette accumulation de hardes sous laquelle — et malgré laquelle — ils semblent définitivement transis. Ils errent sans but parmi les voyageurs, mendiant ici et là un peu d'argent et de nourriture, ou somnolent, allongés sur plusieurs sièges, en attendant que les vigiles viennent les déloger.

Qui sont-ils ? Comment en sont-ils arrivés là, dans cet état de dénuement extrême ? Cette femme, par exemple, qui pousse un caddie où s'entassent ses seuls biens : quelques guenilles informes, des sacs en plastique contenant Dieu sait quoi, un parapluie aux baleines cassées... Avec un petit effort d'imagination, on peut se la représenter en secrétaire ou en mère de famille, rentrant chez elle après le travail ou préparant le goûter de ses enfants. Qu'est-ce qui a bien pu la réduire à une telle déchéance ? Quel drame a brisé sa vie, de quelle monstrueuse injustice a-t-elle été victime pour ne même plus posséder ce à quoi tout être humain a légitimement droit : un toit ?

Yohan frissonne. Pas la peine d'essayer de dormir, il a trop froid pour ça. Qu'est-ce qu'il ne donnerait pas pour une couette bien duveteuse, dans une chambre pourvue d'un radiateur...

Par la porte vitrée, il tente d'apercevoir son père qui fait la queue dehors, devant le bus de la soupe populaire. Difficile de le repérer dans cette obscurité à peine dissipée par les néons de la gare ! L'enfant s'obstine, cependant, les mains en œillères autour des yeux pour atténuer les reflets de l'intérieur.

Un tapotement sur son épaule le tire brutalement de sa contemplation. Il se retourne d'un bloc, et se retrouve face à un policier en uniforme.

« Tu es tout seul ? » lui demande celui-ci.

Le sang de Yohan s'est retiré de ses veines. Son cœur cogne si fort au fond de sa poitrine qu'il doit résonner dans toute la gare. Le flic l'entend, ça c'est sûr ! Et un cœur si bruyant ne peut appartenir qu'à quelqu'un n'ayant pas la conscience tranquille… Yohan va-t-il se faire arrêter, comme un malfaiteur ?

S'efforçant de dominer sa peur, l'enfant répond d'une toute petite voix :

« Non, je suis avec mon père. »

D'un œil circonspect, le policier inspecte les alentours :

« Où est-il ? »

Il a suffi de quelques instants pour que Yohan retrouve toute sa présence d'esprit. Désignant un homme bien habillé qui téléphone dans une cabine voisine :

« Là-bas, le type au manteau gris », ment-il avec aplomb.

Rassuré, le policier s'éloigne, non sans recommander :

« Reste donc près de lui, il y a toutes sortes de gens bizarres, ici... »

Derrière son dos, Yohan tire la langue.

« Des gens bizarres... ronchonne l'enfant. Des gens bizarres... Mais j'en fais partie, moi, des gens bizarres ! »

L'arrivée de Patrick, portant un hot dog et un jus d'orange, lui fait vite oublier le déplaisant intermède.

On dort mieux avec l'estomac garni que le ventre vide. Blotti contre son père, Yohan a laissé un délicieux sommeil l'envahir, et à présent, il ronfle à poings fermés. Patrick, lui, guette. Il sait que la gare est interdite aux indigents, et qu'à un moment ou un autre, il se fera chasser. Et même pire : contrôler. Or, il n'a ni papiers, ni domicile. C'est un coup à se retrouver au poste, ça ! Et même... à se faire retirer le gamin !

Se faire retirer le gamin... Cette perspective emplit Patrick d'une incontrôlable panique. Son fils, son enfant, c'est tout ce qui lui reste. Lui seul le rattache à la vie.

« Mon p'tit bonhomme, je ne veux pas te perdre... » chuchote-t-il tout doucement à l'enfant endormi. Et son souffle caresse le front paisible.

Yohan sourit dans son sommeil.

Au même moment, une voix dans le haut-parleur annonce le départ imminent du car pour Toronto. Les voyageurs assis dans le grand hall se lèvent pour se diriger vers le véhicule. L'horloge murale indique deux heures du matin.

Patrick et Yohan restent seuls dans la gare. Finie la discrétion ! Tout à l'heure, perdus dans la foule, ils pouvaient passer inaperçus, mais maintenant, on ne voit plus qu'eux.

Les vigiles ont déjà entrepris leur ronde de nuit, et se dirigent tout droit vers les deux retardataires.

Pris de panique, Patrick secoue son fils.

« Dépêche-toi, dit-il très haut, nous allons rater le car ! »

Réveillé en sursaut, l'enfant se frotte les yeux et regarde autour de lui d'un air hébété.

« Je suis fatigué, p'pa... Je veux dormir... proteste-t-il en bâillant.

— Nous allons rater le car », répète Patrick, afin que les vigiles l'entendent.

Et comme Yohan titube de fatigue, il le prend dans ses bras. Cramponné au cou de son père, le gamin se rendort aussitôt.

« Écoute-moi bien, mon chéri, dit Patrick en marchant. Yohan, tu m'écoutes ?

— Ou… i… répond l'enfant d'une voix pâteuse.

— A partir de maintenant, il faut faire très attention. Personne ne doit savoir qu'on n'a pas de maison, sinon… »

Il laisse sa phrase en suspens, hésitant à poursuivre. La suite est si pénible à dire !

« Sinon quoi, papa ? »

La curiosité, il n'y a rien de tel pour vous tenir éveillé. Yohan n'a plus envie de dormir, maintenant !

« Sinon quoi ? insiste-t-il. Dis-moi, je veux savoir…

— On risque de nous séparer… Tu vas te retrouver dans une famille d'accueil, ou pire, à l'orphelinat. »

Horrifié, Yohan se serre de toutes ses forces contre son père. Une sorte de sanglot le soulève :

« Je veux jamais te quitter, papa ! Jamais… On restera toujours ensemble ! Hein ?

— Ne crains rien, mon p'tit bonhomme, je suis là ! » répond Patrick, bouleversé.

12

Les nuits blanches – surtout quand cette blancheur est celle de la neige ! – ça ne donne pas bonne mine. Lorsque Patrick et Yohan arrivent en vue de l'école, ils sont blêmes. Leurs traits tirés et leurs paupières gonflées racontent mieux que des mots le calvaire de leur errance nocturne.

« Ça ira ? Tu n'as pas trop froid ? demande Patrick en rajustant le col de l'anorak de son fils.

— Non, p'pa. »

Il se hisse sur la pointe des pieds, tend son front au baiser paternel.

« A ce soir, mon p'tit bonhomme. Et surtout, n'oublie pas ce que je t'ai dit, hein ? Si tu ne veux pas qu'on nous sépare, motus et bouche cousue ! »

L'enfant opine de toute son âme.

« Il te fait bien travailler, le Français ? demande encore Patrick.

— Ouais, il est cool…

— C'est important l'école, tu sais ! Moi, à ton âge, j'étais loin d'être le premier de la classe, ça c'est sûr. Je pensais que ça ne servait à rien d'apprendre. Je te jure que si c'était à refaire… »

Victor, qui arrive comme la veille à l'autre bout de la rue, les aperçoit tous deux. Une joie subite éclaire son visage. Au lieu d'entrer dans la cour de l'école, il bifurque pour se diriger vers eux.

Yohan, bien embêté, ne peut faire autrement que de le présenter à son père.

« C'est lui, mon professeur.

— Très heureux de vous rencontrer, monsieur Lafontaine », dit Novak, la main largement tendue.

Patrick a un mouvement de recul. Les poignées de main, il y a un bon moment qu'il ne sait plus ce que c'est. Lui, quand il tend la main, c'est pour mendier… Il finit pourtant par répondre au salut, mais reste sur la défensive.

Comme s'il n'avait rien remarqué, l'instit s'adresse à l'enfant :

« Salut, Yohan ! Dis donc, tu as une drôle de tête, toi, ce matin ! Tu es malade ?

— Il va très bien, laissez-le tranquille ! » s'empresse de rétorquer Patrick, hargneux.

Et Yohan de renchérir avec un enthousiasme surfait :

« Je suis en pleine forme ! »

Le sourire de l'instit s'est éteint, faisant place à une expression tourmentée, bien plus conforme à son état d'esprit du moment.

« Ne le prenez pas mal, monsieur Lafontaine, mais... je me fais un sang d'encre pour votre fils ! »

Patrick serre si fort les mâchoires qu'on voit se contracter ses muscles sous la peau de ses joues mal rasées. Ses yeux lancent des éclairs. Une violence mal contenue fait trembler sa voix lorsqu'il répond :

« Foutez-nous la paix, O.K. ?

— Je sais que ce que vous vivez n'est pas facile, poursuit Victor, persuasif. Mais il n'y a rien de honteux à cela, et vous n'êtes pas le seul dans ce cas. Des services sociaux existent et ils peuvent vous...

— Occupez-vous de vos affaires ! »

Le ton monte. Le dialogue se mue peu à peu en affrontement.

« Si vous ne le faites pas pour vous, faites-le

au moins pour Yohan ! » lance durement l'instit.

La fatigue, l'inquiétude et la souffrance ont raison des nerfs de Patrick. Cette réplique le met hors de lui. C'est à un ennemi qu'il s'adresse, maintenant. Un ennemi sur lequel il fonce, le poing tendu :

« Ferme ta gueule, ou c'est moi qui vais te la fermer, d'accord ? »

Mais Victor ne bronche pas et oppose une tranquille assurance à l'agressivité de son interlocuteur. Yohan, par contre, s'affole et se précipite entre les deux hommes.

« Papa, non ! Tu m'avais promis de jamais recommencer ! »

Instantanément, Patrick s'arrête. Ses yeux sont hagards. Il se passe la main sur le front et, désemparé, désespéré, bredouille à l'adresse de Victor :

« Je vous demande pardon, je ne sais plus où j'en suis... »

L'instit hoche la tête, plein de compassion :

« Ce n'est pas grave, monsieur Lafontaine... Allez viens, Yohan, c'est l'heure... »

Et pour couper court au malaise qui l'étreint, il entraîne l'enfant, laissant Patrick au milieu du trottoir, éperdu, les épaules basses.

Sylvain et Jérôme, s'apprêtant à rentrer

dans la cour de l'école, sont témoins de la scène.

« Regarde le père de Yohan, un vrai clochard ! » s'exclame Sylvain en riant.

*

* *

Yohan n'a pas le moral. Non seulement il est fatigué, mais la pénible scène du matin lui reste sur l'estomac. Par chance, l'après-midi est consacré au sport. C'est moins pénible que d'étudier l'histoire ou la géographie !

Dans le parc, les enfants jouent au « ballon-balai », une sorte de hockey qui ne nécessite aucun équipement, juste de la vivacité et de bonnes jambes.

Assis sur un banc, Victor suit attentivement la partie.

Le ballon fend l'espace. Des hurlements de dépit s'élèvent.

« Hoouuuu !

— Encore un but ! Zut !

— T'es nulle, Charlotte ! »

On ne peut pas dire que Charlotte soit douée, en effet. L'avoir dans son équipe, c'est une vraie catastrophe. Chaque fois que le ballon vient vers elle, plutôt que de lui courir après, elle se protège peureusement le visage et reste sur place, raide comme un piquet. Ça ne fait pas l'affaire de ses coéquipiers, d'autant qu'elle est censée garder le but !

« 6 à 2 ! crie l'instit. Hé, ma grande, le ballon ne va pas te mordre ! Je te rappelle que tu es là pour l'arrêter !

— Remue-toi un peu les fesses ! renchérit Anaïs en relevant sa frange rousse toute humide de sueur. Ils vont nous écrabouiller, si ça continue ! »

Tandis que la partie reprend, Sylvain, chaussé de ses patins à longue lame, tourne en solo autour de la patinoire, chronométré par son copain Jérôme qui l'encourage avec ferveur :

« Allez, vas-y ! Plus vite ! Tu vas battre ton record ! »

Le « champion » passe à toute allure devant Victor, que Yohan vient de rejoindre sur le banc où il s'est laissé tomber, à bout de souffle. Tous deux suivent longuement le patineur des yeux, puis, entre deux halètements, Yohan lâche :

« Pfffttt ! Il s'imagine qu'il est génial, mais c'est de la frime ! Tu as vu sa jambe d'appui ?

— Qu'est-ce qu'elle a, sa jambe d'appui ? demande l'instit qui n'y connaît rien.

— Elle n'est pas assez pliée… et ses bras sont bien trop raides ! »

Victor Novak réprime un sourire amusé :

« Tu crois que tu ferais mieux, toi ?

— Ça se pourrait… »

Son petit air énigmatique pique la curiosité de l'instit.

« Eh bien, qu'est-ce que tu attends ? Vas-y ! »

Yohan a une fraction de seconde d'hésitation, une furtive mimique de convoitise, puis repousse la proposition :

« Je déteste ça, le patinage de vitesse… »

Sans insister davantage, Victor sort le boulard de sa poche et le lui tend.

« Tu l'as oublié hier, sur mon bureau. Alors… »

Un bref silence.

«… je suis passé chez Alouette pour te le rendre… »

L'angoisse embrume les prunelles de l'enfant, mais il reste muet.

« Où as-tu dormi, cette nuit ? »

Sans un mot, Yohan fixe son boulard. La lumière, qui pénètre au cœur du verre, fait resplendir de mystérieux itinéraires parmi les arabesques de couleur. Un désir fou s'empare soudain du petit garçon. Oh, suivre la lumière, emprunter ces chemins fantasmagoriques, pénétrer loin, loin dans les profondeurs de la sphère, là où rien ni personne ne peut vous atteindre…

« Tu n'as pas le droit de me le dire ? » insiste Victor Novak, à mille lieues de ces chimères.

Yohan remue négativement la tête, et poursuit son voyage imaginaire. Mais l'instit ne s'avoue pas vaincu pour autant :

« Et si je te promets de ne le répéter à personne ? »

Fin du voyage. Ce sont les yeux de Novak que fixe à présent l'enfant.

« Tu me le jures ?

— Tu as ma parole, Yohan. Tu me fais confiance ?

— Heu… oui. »

Entre-temps, Jérôme a arrêté le chrono sur le passage de son copain.

« Une trente-deux, génial ! braille-t-il. Tu es à trois secondes du record des Juvéniles !

— Ouais, je suis le meilleur du monde ! » triomphe Sylvain, levant les bras en signe de victoire.

Avec un haussement d'épaules agacé, Yohan se penche à l'oreille de l'instit.

13

Tandis que Victor, précédant son groupe, monte les escaliers qui mènent en classe, la directrice l'intercepte :

« Je peux te voir un instant, s'il te plaît ?

— Installez-vous, je vous rejoins », lance l'instit à ses élèves. Et il suit Régine vers son bureau. La jeune femme semble tracassée.

« Je viens de recevoir le bulletin scolaire de Yohan, annonce-t-elle. Eh bien, tu avais raison... On a un sacré problème avec son père...

— C'est seulement maintenant que tu t'en aperçois ? a envie de répondre l'instit. Mais il se retient par correction, et reste silencieux, attendant la suite.

— Il y a une plainte contre lui, pour coups et blessures...

— Quoi ? Mais c'est impossible, voyons ! proteste l'instit. Il y a sûrement une erreur ! Je lui ai parlé, et je n'ai pas eu l'impression d'avoir affaire à quelqu'un de dangereux. Plutôt à un homme désemparé, au bout du rouleau...

— Tiens, lis ! » l'interrompt Régine en lui tendant une lettre.

Et tandis qu'il se penche sur le document et le parcourt rapidement des yeux, elle commente :

« C'est le directeur de l'école de Chicoutimi qui me l'envoie. Patrick Lafontaine a frappé un travailleur social[1] qui lui proposait un placement pour son fils. Il lui a fracturé la mâchoire !

— Est-ce que par hasard... tu comptes signaler le cas au service de Protection de la Jeunesse ? »

Régine se tortille sur sa chaise, mal à l'aise. Les yeux de Victor sont plantés bien droit dans les siens, et ce qu'elle y lit est loin d'être une approbation.

« Je n'ai pas le choix ! se défend-elle. C'est ma responsabilité maintenant ! Je ne peux tout de même pas laisser cet enfant vivre sous la coupe d'un individu violent, incapable de se contrôler ! »

Novak a froncé les sourcils ; deux rides ver-

---

1. Équivalent de l'assistante sociale.

ticales barrent son front, le rendant inhabituellement sévère.

« Tu m'as fait remarquer toi-même que Yohan fréquentait l'école d'une manière normale, et qu'il n'avait l'air ni en mauvaise santé, ni maltraité !

— Je ne savais pas tout, Victor !

— Tu ne savais pas, mais tu constatais. Or, rien ne t'a inquiétée dans cette constatation ! C'est l'essentiel, non ? »

Un silence. Chacun réfléchit de son côté. Les arguments de l'instit semblent avoir ébranlé les certitudes de Régine.

« Je pense avant tout à la sécurité du petit... », affirme-t-elle, plus doucement.

C'est le moment ou jamais d'être convaincant. Novak fait appel au souvenir de la petite bouille cernée qui l'a tant ému, tout à l'heure, sur le terrain de sport. « Tu le jures ? » a dit le gamin, avant de lui confier à l'oreille sa lamentable errance nocturne. Puis il a ajouté – et la ferveur le faisait trembler de la tête aux pieds – : « Je m'en fiche, de pas avoir de maison, du moment que je suis avec mon papa... »

« Yohan a déjà perdu sa mère, dit-il avec véhémence. Si en plus on le prive de son père, qu'est-ce qu'il va devenir ? »

Phénomène inattendu : sa voix chevrote.

C'est que dans sa tête vient d'apparaître, à la place du visage de Yohan, celui d'une petite fille aux grands yeux noirs, la sienne, sa Sophie. Celle qu'on a arrachée à sa tendresse. Retirer un enfant à son père, quelle abomination… Quel crime !

La surprise fige Régine sur place : ce qui brille sur la joue de l'instit, on dirait – est-ce possible ? – une larme…

« Très bien, dit-elle, vaincue. Qu'est-ce que tu proposes ?

— Patrick Lafontaine est dos au mur, les services sociaux lui font peur. Moi, ici, je suis étranger, je n'ai aucune mission officielle. Je ne représente donc pas un danger pour lui… Je vais lui parler, essayer de lui faire entendre raison. Laisse-moi quelques jours… »

Un silence, à nouveau. Régine pèse le pour et le contre, tourne et retourne les arguments de Novak dans sa tête. Enfin, elle prend sa décision :

« Trois jours, Victor. Trois jours, pas une heure de plus… Je te fais confiance, mais attention : s'il arrive quoi que ce soit à Yohan… »

*

* *

Un chantier en plein centre ville. Des ouvriers casqués s'affairent autour d'un bâtiment en construction.

« Ah, c'est ici ! » dit Patrick, se glissant derrière le panneau *Interdit au public*.

Il s'approche d'un ouvrier, lui montre le journal qu'il tient à la main, et où il a pointé une petite annonce. Du doigt, l'ouvrier lui indique un contremaître qui, un peu plus loin, dirige la manœuvre d'un camion-benne. En boitillant, Patrick s'approche. L'homme l'aperçoit et hurle, pour couvrir le bruit du moteur :

« C'est pour quoi ?

— Pour le job ! »

Le contremaître le dévisage un moment, puis lui fait signe de le suivre un peu plus loin, au calme, près d'un brasero au-dessus duquel deux ouvriers se réchauffent les mains.

« Tu as déjà travaillé sur des chantiers ?

— Bien sûr...

— Je peux voir tes recommandations ? »

Patrick change de couleur.

« J'en ai pas... » avoue-t-il. « Mais j'ai besoin de travailler, ajoute-t-il avec fougue. Je peux faire n'importe quoi. »

Le contremaître hoche la tête d'un air désolé. Des cas comme celui-là, il en voit tous les jours, hélas !...

« Je comprends, mon vieux, mais l'embauche est réglementée. Je vais me retrouver avec le syndicat sur le dos ! »

S'efforçant de rester calme, Patrick plaide de son mieux :

« Je n'ai pas de recommandations, mais j'ai deux bras et l'ouvrage ne me fait pas peur. Faut que je nourrisse mon gamin. »

Touché par ce qui transparaît dans cette simple phrase : « Faut que je nourrisse mon gamin », le contremaître réfléchit, hésite, puis ébauche un semblant de sourire :

« J'ai peut-être un truc pour toi. Ce n'est pas grand-chose mais ça te dépannera. Un remplacement pour la surveillance de nuit. Deux semaines, peut-être trois...

— Tu me sauves la vie ! » s'exclame Patrick.

Le contremaître lui adresse un clin d'œil complice et désigne les cabanons plantés à proximité, qui servent de bureaux à l'administration du chantier.

« Je vais en parler au grand boss. Donne-moi tes papiers d'identité.

— Je n'ai plus de papiers... avoue Patrick. On m'a tout volé... »

Coupé net dans son élan, le contremaître prend un air consterné, puis écarte les bras en signe d'impuissance.

« Que tu n'aies pas de recommandation, passe encore, dit-il. Mais pas de papiers ! ! ! Je suis désolé, mon vieux, mais là, je ne peux plus rien pour toi… »

Patrick baisse la tête, vaincu, son espoir en miettes à ses pieds.

« C'est pas de la mauvaise volonté, tu sais, mais il y a des lois… bredouille le contremaître.

— Je sais… Merci quand même… »

Un dernier regard au chantier où règne une activité de fourmilière, puis l'exclu fait volte-face et s'en va, le dos rond. Le contremaître regarde s'éloigner sa maigre silhouette, claudiquant sur le sol gelé.

« Pauvre vieux… » murmure-t-il en le voyant disparaître.

14

Dans les toilettes de la gare routière, Yohan, courbé devant un lavabo, se rince les cheveux sous le robinet en gloussant sur tous les tons :

« Oh, la vaaache ! J'ai du savon dans les yeux, ça piiiique ! »

Armé d'un essuie-main en papier, son père s'empresse de lui frictionner le visage.

« Hé ! Arrête de gigoter, mon p'tit bonhomme !

— Maaais ! J'ai de l'eau qui me descend dans le cou ! crie Yohan de plus belle.

— Viens par là, bourricot ! » rit Patrick.

Il l'entraîne près d'un séchoir électrique qu'il met en route, en maintenant la tignasse humide sous le courant d'air chaud. Du coup, Yohan pouffe en se débattant :

« Arrête, papa ! Arrête, ça me chatouille ! »

C'est en sortant des toilettes qu'ils tombent nez à nez avec l'instit.

« Ah, vous voilà ! s'exclame celui-ci, visiblement soulagé, ça fait un bon moment que je vous cherche... »

D'un seul coup, le teint de Patrick a pris une couleur crayeuse. Il fixe Victor sans rien dire, mais ses lèvres tremblent. Son corps paraît s'être ramassé, comme celui d'un fauve s'apprêtant à bondir.

Yohan, sur le qui-vive, observe les deux hommes en alternance.

« Il faut qu'on parle, dit l'instit, calme et déterminé. Ça ne peut plus durer comme ça...

— Je pensais avoir été clair... » rétorque Patrick.

Il fait un geste de la main :

«... Du balai ! Fiche-nous la paix ! »

Pour prévenir la colère qu'il sent monter en son père, Yohan se serre contre lui et suggère, d'une petite voix suppliante :

« Écoute-le, papa, s'il te plaît... »

C'est si touchant que l'instit, malgré la tension qui électrise l'atmosphère, ne peut s'empêcher de sourire.

« Merci, Yohan... Tiens, sois gentil, va t'asseoir là-bas deux minutes. »

Se dégageant avec douceur de l'étreinte de son père, l'enfant obéit et file dans l'aire d'attente. Patrick reste immobile, l'œil mauvais.

Inutile de tergiverser, Victor Novak va droit au but.

« Ce qui s'est passé à Chicoutimi, c'est grave mais je pense que ça peut s'arranger », dit-il.

C'est comme si Patrick recevait un direct en pleine figure. Tout d'abord assommé par la rapidité de l'attaque, il se ressaisit et riposte, les dents serrées :

« Ils voulaient me prendre mon fils… Ça m'a rendu fou !

— Frapper un fonctionnaire des services sociaux, ce n'est pas très futé ! remarque l'instit.

— Et alors ? Tu veux me dénoncer ?

— Si j'avais voulu te dénoncer, je ne serais pas là. Je ne suis pas un flic, Patrick ! Juste un étranger en visite, un touriste ! »

Bien qu'un peu ébranlé par ces paroles rassurantes, Patrick reste sur la défensive.

« Par contre, poursuit Victor, il y a une chose que je ne supporte pas : c'est qu'un enfant, quel qu'il soit, passe ses nuits dans la rue. »

Cette fois, c'est un cri qui lui répond. Un cri de fureur et de désespoir :

« Et moi, tu penses que ça ne me rend pas malade ?

— Tu ne t'en sortiras pas tout seul, Patrick, poursuit l'instit, avec toute la conviction dont il est capable. C'est trop dur et c'est trop tard. Tu es en train de te noyer, et tu entraînes ton fils avec toi dans le naufrage. Moi, je suis prêt à t'aider. »

La réponse jaillit, crachée plutôt que dite :

« J'ai besoin de personne !

— Je peux vous héberger, le temps que tu te retournes... »

Mais Patrick est têtu. Il repousse l'offre généreuse :

« Pas la peine... J'ai trouvé un endroit tranquille.

— Comme tu voudras », soupire Victor.

D'un mouvement de tête, il désigne Yohan, sagement assis, qui s'occupe en jouant avec son boulard.

« C'est un vrai petit trésor que tu possèdes là.

— Je n'ai que lui au monde, je ne veux pas le perdre, tu comprends ? »

Oh oui, Victor comprend ! Il comprend même très bien ! Perdre ce trésor-là, c'est pire que tout...

Il sort un calepin, y griffonne quelques mots, arrache la page et la tend à Patrick.

« Voilà mes coordonnées. Si tu as besoin de moi, n'hésite pas. A n'importe quelle heure du jour ou de la nuit, d'accord ? »

15

« Où on va, p'pa ?

— Chut, tu verras bien... Pas de bruit, surtout ! »

Les deux ombres glissent dans l'obscurité, furtives, à la manière des chats qui rôdent. Une grande ombre et une plus petite, aussi silencieuses l'une que l'autre, toutes deux aux aguets. C'est que le terrain est accidenté, plein de creux et de bosses ! On ne s'y hasarde pas sans risque !

Par chance, c'est la pleine lune. Une clarté livide tombe du ciel, faisant jaillir de la pénombre grues et pelleteuses, comme autant d'êtres étranges, mi-robots, mi-animaux préhistoriques. C'est un peu effrayant, et surtout terriblement excitant. Vrai ! Yohan ne regrette pas cette équipée nocturne !

« On dirait qu'on est des aventuriers ! » chuchote-t-il, ravi.

La silhouette d'un baraquement se détache soudain sur le disque blafard de la lune. L'espace d'un instant, Yohan croit reconnaître une cabane de trappeur perdue dans le Grand Nord, d'autant qu'une épaisse couche de neige en couronne le toit. L'illusion est si parfaite que l'enfant s'arrête, ébloui.

« C'est comme dans les livres de Jack London ! »

Dans le lointain s'élève une plainte gutturale, à vous donner le frisson.

« Les loups... » murmure l'enfant.

Malgré la tension nerveuse qui l'oppresse, Patrick ne peut se retenir de rire.

« Mais non, andouille, c'est juste un chien qui aboie. Un vieux toutou enroué que ses maîtres ont dû oublier de rentrer pour la nuit, et qui rouspète ! »

A tâtons, il fouille ses poches, en sort un morceau de fil de fer et un briquet, qu'il tend à son fils.

« Éclaire-moi, s'il te plaît.

— Pourquoi ? Qu'est-ce que tu vas faire ?

— Je vais essayer d'ouvrir la porte.

— Comme un cambrioleur ? »

Ouah ! L'aventure se corse ! Avec empressement, le gamin écrase la molette. Une flamme jaillit, tremblante, projetant des formes noires et dansantes dans la neige, ce qui rend le lieu plus inquiétant encore.

« Pas comme un cambrioleur, mon p'tit bonhomme, rectifie doucement Patrick. Comme un voyageur égaré dans la tempête, cherchant un relais pour la nuit. »

Un voyageur égaré dans la tempête ! Super !

Tandis que Yohan laisse vagabonder son imagination, son père se met au travail. Crocheter la serrure s'avère un jeu d'enfant, et bientôt les deux « voyageurs égarés » pénètrent dans le baraquement.

L'ameublement est rudimentaire : quelques chaises, une table, un canapé usagé. A une patère sont suspendus les cirés et les bleus de travail des ouvriers.

« On est génialement bien, ici ! » s'enthousiasme Yohan, en se laissant tomber dans le fauteuil.

Patrick parcourt les lieux d'un regard satisfait de propriétaire, puis baisse le store afin que la lumière ne se voie pas de l'extérieur.

« J'ai repéré cet endroit hier, quand je me

suis présenté pour un travail qu'on m'a refusé, explique-t-il. Une cabane vide la nuit, et nous qui ne savons pas où dormir… Ça tombe pile, non ? »

Ça tombe pile. Tout comme tombe pile le chauffage au butane logé dans un coin de la pièce, et qu'il s'empresse d'allumer. Bientôt, une bonne chaleur envahit l'intérieur.

La table est encombrée de plans : ceux des futurs appartements en construction. Yohan s'y plonge, les détaille un à un, les commente. Finit, en les comparant les uns aux autres, par élire « le sien ».

« Regarde, p'pa : là, y aurait ma chambre, juste à côté de la salle de bains. Et là, le salon, avec une cheminée en hiver et une grande terrasse pour prendre le p'tit déj' au soleil, en été… »

Incapable de partager les fantasmes de son fils, Patrick se contente de grommeler amèrement :

« Rêve, mon p'tit bonhomme, rêve… Et dis-toi que ce rêve impossible est une réalité pour des millions de gens… Pour des millions de gens, mais pas pour nous, mon p'tit bonhomme, pas pour nous… »

Un casque de chantier traîne par terre. Il le ramasse et en coiffe son fils.

« Tiens, te voilà équipé pour faire tes devoirs », plaisante-t-il.

Yohan pose son cartable sur ses genoux et, avec mille précautions, en sort le livre sur les Inuits qu'il se met à feuilleter.

« Quelles magnifiques photos ! admire Patrick.

— C'est ma copine Charlotte qui me l'a prêté. Tiens, à propos, elle m'a proposé d'aller travailler chez elle, demain soir. Pour préparer notre exposé... »

Une gêne subite le fait bredouiller. Patrick sourit, complice :

« Elle est jolie, au moins ? »

Un regard confiant, heureux, lui répond. Un vrai regard de connivence. Tendrement, le père ébouriffe les cheveux de son fils.

« Tiens, tes Eskimos, là... Ils aimeraient sûrement avoir un igloo aussi confortable que le nôtre, non ? » murmure-t-il, en désignant la pièce du menton.

Un double éclat de rire fait vibrer les murs de bois. Quelques secondes de joie et d'insouciance volées au malheur... Mais aussitôt, Patrick se ravise et, mettant la main sur la bouche de Yohan :

« Chut ! recommande-t-il. C'est pas le moment de nous faire repérer ! »

*

* *

Le vent hurle dehors, mais dans la cabane qu'éclaire faiblement la lueur rougeoyante du radiateur, il fait bon. Pelotonnés l'un contre l'autre, Patrick et Yohan se sont allongés sur le canapé, dans une vieille couverture. Quelque part, au loin, un clocher sonne la demie de vingt-trois heures.

Soudain, une petite voix troue la pénombre :

« Tu dors, papa ? »

Patrick, qui somnolait, bâille avant de répondre, un peu bêtement :

« Non, et toi ?

— Ben moi non plus, puisque je te parle ! »

Il pouffe, puis retrouve son sérieux pour poursuivre :

« J'ai lu une drôle d'histoire dans mon livre sur les Inuits. Je peux te la raconter ?

— Vas-y.

— Ça se passait il y a des siècles. Le chef des Inuits était devenu très très vieux et presque aveugle. Un jour, il est parti tout seul, sans rien dire à personne. Il a marché vers le nord, pendant trois jours et trois nuits. Et le quatrième jour, il s'est arrêté... »

Patrick est bien réveillé, maintenant. Les yeux fixés au plafond, il écoute le récit que chuchote l'enfant dans la grande nuit hivernale. Les mugissements de la bourrasque, qui s'engouffre entre les planches disjointes de la cabane, donnent un relief saisissant à l'histoire.

«… et il s'est laissé mourir de froid juste à l'endroit où on l'avait choisi, autrefois, pour devenir le chef de tous les Inuits. »

Un long silence. Par moments, on dirait que le vent s'apaise. L'instant d'après, il se met à siffler, et ses stridulations suraiguës vous percent les tympans. La musique de fond de toutes les légendes canadiennes…

« Elle est très belle, ton histoire, dit Patrick au bout d'un moment.

— Moi, elle me donne envie de pleurer. Tu te rends compte, le pauvre vieux, il est mort tout seul, et personne n'a essayé de l'en empêcher…

— C'était son choix : il s'est senti inutile et n'a pas voulu rester à la charge de son peuple. Il a préféré disparaître au moment où il l'avait choisi…

— Mais pourquoi il est retourné juste à cet endroit-là ? »

D'un geste machinal, Patrick caresse les mèches rebelles de son « p'tit bonhomme ».

« Parce que c'est là qu'avait commencé sa vie d'homme, une vie dont il était fier… »

Le « p'tit bonhomme » se redresse à moitié, pour regarder son père. Le blanc de ses yeux luit doucement dans l'ombre, rosi par les reflets pourpres du radiateur.

« Peut-être que c'était son "Pays des Braves" à lui ? suggère-t-il.

— Oui, mon garçon, c'est ça... C'était son "Pays des Braves" », répond Patrick d'un ton sourd.

16

Au milieu de la classe trône une mappemonde. D'une main, l'instit la fait pivoter, et de l'autre, il dessine de grandes lignes sur la surface du globe.

« La terre se divise en vingt-quatre fuseaux horaires, explique-t-il. Sur chacun d'eux, situé à l'est du premier, il est une heure plus tard que sur le précédent. Donc, entre Paris et Montréal, la différence est de… ?

— Six heures ! répondent les élèves en chœur.

— En plus ou en moins ? »

Hésitations. Les enfants se partagent en deux clans. « De moins ! », « De plus ! » distingue-t-on dans la confusion.

Au beau milieu du brouhaha, un petit « toc,

toc » se fait entendre et Régine entre, interrompant la leçon de géographie.

« Excuse-moi, Victor, fait-elle en souriant, juste un petit mot aux enfants... »

L'instit lui cède volontiers sa place.

« Les poux sont de retour parmi nous, annonce la directrice. Chaque année, nous y avons droit, il n'y a donc aucune raison de s'affoler. Mais comme ce n'est pas facile de tenir un stylo et de se gratter la tête en même temps, il va falloir dire à vos parents de vous traiter, d'accord ? »

Toutes les têtes s'inclinent.

« O. K., j'ai compris ! glisse Charlotte à l'oreille de Yohan.

— Tu as compris quoi ?

— Ce matin, quand Sylvain a retiré son bonnet, j'ai trouvé que ses cheveux sentaient mauvais, et il y avait une sorte de graisse qui les collait entre eux. Je lui ai demandé ce qu'il avait, et il m'a envoyée promener. A tous les coups, c'était un traitement contre les poux, c'est pour ça qu'il n'a rien osé me dire ! »

Curieux, Yohan se tourne vers Sylvain, et s'aperçoit que celui-ci le fixe bizarrement : dans ses yeux, il y a une tonne de rancune.

A la récréation suivante :

« Mon père viendra me chercher chez toi vers six heures, annonce Yohan à Charlotte.

— Chouette ! Je vais te montrer ma chambre, je suis sûre qu'elle te plaira. Et ma collection de pogs. Et puis aussi mes disques… »

La voix de Sylvain l'interrompt, et cette voix n'est pas amicale :

« T'as pas peur, Charlotte ? »

Charlotte sursaute. Tout à ses projets, elle n'a pas vu venir Jérôme et Sylvain qui la toisent à présent, les mains dans les poches, provocants.

« Peur ? De quoi j'aurais peur ? »

D'un menton plein de mépris, Jérôme désigne Yohan :

« Ben de lui, pardi ! T'as pas compris que c'est sa faute si on a des poux à l'école ?

— Normal, avec un père clochard ! » ajoute méchamment Sylvain.

Déjà, l'accusé a bondi vers ses accusateurs, les poings en avant :

« Répète, espèce de…

— Ton père, c'est un pouilleux qui pue ! lui crache Sylvain à la figure. Et toi, t'es pareil ! »

C'en est trop. Écumant de rage, Yohan se jette sur lui en hurlant à pleins poumons :

« Ta gueule ! C'est pas vrai ! T'es rien qu'un sale menteur ! »

Ils s'empoignent. Les coups et les insultes

pleuvent. Pour ne pas être en reste, Jérôme s'en mêle. Les trois petits corps gesticulants roulent par terre sans qu'il soit possible de distinguer qui frappe qui, ni lequel des adversaires a le dessus.

« Arrêtez ! Arrêtez ! » s'époumone en vain Charlotte.

Déjà, un attroupement de curieux s'est formé, des encouragements fusent... Heureusement, Victor accourt pour séparer les combattants.

« Vous êtes impossibles, vous deux ! s'écrie-t-il, en en attrapant un par l'oreille et l'autre par la peau du cou. Je vous avais pourtant prévenus que...

— C'est sa faute si j'ai des poux ! » braille Sylvain, furieux.

Il se débat comme un beau diable, si bien que l'instit le lâche. Mais c'est pour mieux lui demander, les yeux au fond des yeux :

« Pourquoi tu dis ça ?

— A cause de son père.

— Faudrait le passer à l'eau de Javel, sinon on va tous être infectés ! » renchérit Jérôme, prenant tous les spectateurs à témoin.

Yohan tremble d'humiliation, les joues couvertes d'un glacis de larmes. Charlotte se précipite et y pose sa bouche avec chaleur.

« Laisse-les baver, ces porcs ! souffle-t-elle. C'est parce qu'ils sont jaloux... »

Indigné par la bassesse de l'accusation, Novak tance durement Sylvain et Jérôme :

« Vous êtes stupides, tous les deux. Stupides et méchants. J'ai honte pour vous ! »

Puis, s'adressant aux autres :

« Allez, on rentre... Et je ne veux plus entendre un mot ! »

Toute la classe le suit, muette de stupeur. La pénible scène qui vient d'avoir lieu a cloué le bec aux plus bavards.

*

*   *

Un peu impressionné par le luxe de l'immeuble « de standing », Patrick sonne à l'interphone. Une voix agréable – celle de la maman de Charlotte – répond à son appel :

« Oui ?

— C'est le papa de Yohan... »

La voix prend une intonation rieuse :

« Monsieur Lafontaine ? Votre fils est adorable ! Montez donc un instant, ils n'ont pas tout à fait fini leurs devoirs. »

Patrick hésite. Il se regarde dans le miroir mural qui orne le hall d'entrée, et ne se reconnaît plus. C'est lui, c'est bien lui, ce pauvre type hâve, sale, dépenaillé ? Avec sa barbe de trois jours, ses vêtements fripés et ses chaussures crottées, il ressemble de plus en plus à ce qu'il est devenu en quelques jours : un vagabond.

« J'ai du café tout prêt, insiste la mère de Charlotte. Vous en prendrez bien une tasse. »

La perspective d'une boisson chaude dans un appartement douillet fait saliver Parick. Mais... inutile de faire honte à Yohan, n'est-ce pas...

« Heu... Merci, je suis assez pressé, répond Patrick à contrecœur.

— Dommage ! À un autre jour, peut-être... Je vous envoie le petit ! »

Quelques instants plus tard, les portes de l'ascenseur s'ouvrent et Yohan en sort, suivi de Charlotte.

« Bonsoir, ma grande... » bafouille Patrick, confus.

Un sourire lumineux lui répond, puis la fillette fait la bise à Yohan.

« La prochaine fois, c'est moi qui irai chez toi. Ce sera à ton tour de me montrer ta chambre ! » décrète-t-elle.

Yohan échange un regard rapide avec son père et réplique en riant :

« Tu sais, moi, ma chambre, c'est un vrai chantier ! »

17

Sous l'effet d'un violent coup de pied, la porte s'ouvre en grand. Des rafales de vent et de neige s'engouffrent dans la cabane.

« Papa ! » crie Yohan, éveillé en sursaut par le courant d'air glacé.

Il grimace, aveuglé par le faisceau de la lampe-torche braquée sur son visage. Agressé lui aussi par l'intempestive lumière, Patrick se redresse à son tour.

« Qu'est-ce qui se passe ? »

Déjà, le gardien de nuit l'a attrapé par le collet. Il écume de rage.

« Faut surtout pas te gêner ! vocifère-t-il. Je peux savoir ce que tu fiches là ? Et avec un enfant, en plus ! »

Encore engourdi de sommeil, Patrick bredouille une vague explication. Mais l'autre, conscient de son bon droit, refuse de l'écouter et le secoue sans ménagement.

« Allez, dégage de là, et en vitesse !

— Ça ne peut pas... attendre demain ? balbutie Patrick, en clignant douloureusement des paupières.

— Dehors, je te dis, ou j'appelle les flics ! »

Une bouffée de colère achève de réveiller Patrick qui, du coup, se dégage et repousse sans ménagement son assaillant.

« Tu me lâches, espèce d'enfoiré ! »

Ses poings crispés ne laissent aucun doute sur ses intentions. Yohan s'interpose aussitôt :

« Non, papa, laisse-le ! Tu vas encore nous attirer des ennuis ! »

Il attrape son blouson, son bonnet, son cartable et tire son père vers l'extérieur.

« Viens, on va trouver un autre endroit ! »

Les mâchoires serrées, contenant sa fureur à grand-peine, Patrick le suit.

Du pas de la porte, le gardien de nuit les regarde partir d'un air outré.

« Faire vivre ça à son fils, quelle honte ! Moi, à ta place, je... »

Yohan ne lui laisse pas finir sa phrase. Il se retourne et jette hargneusement :

« T'y es pas, à notre place, alors ferme ta gueule ! »

Et pour donner plus de poids à ses paroles, il les ponctue d'une affreuse grimace.

Les rues d'une grande ville par une nuit d'hiver, qu'y a-t-il de plus hostile pour deux sans-logis ? Anesthésiés par la fatigue et le froid, Patrick et Yohan rôdent dans Montréal, à la recherche d'un abri de fortune où se blottir vaille que vaille. Le vent leur fouette le visage et la neige recouvre peu à peu les traces de leurs pas sur le trottoir désert.

Pas un passant pour leur venir en aide. À cette heure tardive, toutes les fenêtres sont éteintes. Les façades des immeubles ressemblent à des murs de citadelles, dépourvus d'ouvertures sur l'extérieur. Derrière ces murs, dans leurs cocons douillets, des gens dorment, des gens rêvent...

Patrick et Yohan, eux, ne rêvent pas. Ils sont en plein cauchemar. Un cauchemar qui ne se dissipera pas au réveil. Le cauchemar des exclus, devant lesquels se ferment toutes les portes.

« Mets tes gants, mon Yohan !

— Je les ai oubliés au chantier... »

Les doigts de l'enfant sont bleus de froid. Il tente de les réchauffer en soufflant dessus. Patrick les prend entre ses mains, les frictionne doucement. Mais l'enfant continue à trembler de tous ses membres. Alors Patrick ouvre sa parka, soulève son fils et l'emmitoufle dedans, en le serrant très fort contre lui. Puis, l'un portant l'autre, ils reprennent leur périple sans espoir, dans la nuit glacée de l'hiver.

*

* *

Victor Novak, lui non plus, ne dort pas. Les sombres pensées qui l'obsèdent le rendent insomniaque. Au centre de ses pensées : Patrick et Yohan. Où sont-ils ? Ont-il trouvé un refuge ? Quelle sorte de nuit passent-ils, en ce moment ? Il se surprend à avoir honte de son propre confort, face au dénuement de certains…

La télé, allumée en sourdine dans un coin de la pièce, diffuse le dernier journal.

« La vague de froid traversant actuellement la province s'intensifie, posant à nouveau avec acuité le problème des sans-abri », dit le présentateur.

L'instit tend l'oreille, hausse légèrement le son. Sur l'écran apparaissent des images poignantes : itinérants montant dans des cars-refuges ou criant leur détresse au micro des journalistes, distribution de duvets et de chaussures par les volontaires de la police, vieillard mort, rencogné dans un porche d'immeuble, le corps raidi par le gel…

« Quelle misère !... soupire Victor, révolté. Comment nos sociétés dites “civilisées” en sont-elles arrivées là ?... »

Un coup de sonnette l’arrache au désolant spectacle. Surpris, il se lève d’un bond et va ouvrir. Patrick, son petit garçon endormi dans les bras, se tient immobile sur le seuil, le visage couvert de givre.

Une bouffée de soulagement inonde l’instit.

« Entrez, entrez vite ! s’écrie-t-il, en s’effaçant devant ses visiteurs.

— Je peux coucher le petit ? » demande Patrick, sans oser regarder son hôte en face.

Déjà, Victor Novak a entraîné les nouveaux venus vers sa chambre. Débarrassé de son anorak et de ses chaussures, Yohan, qui ne s’est même pas réveillé, prend bientôt place sous l’épaisse couette, que son père lui ramène sous le menton.

« Il se réchauffera vite ! » assure l’instit.

Entraînant Patrick vers la cuisine :

« Bon, à toi, maintenant. Retire ta parka, elle est trempée. Je vais la mettre à sécher et te passer un pyjama. Il y a du café tout prêt et de quoi manger. Si tu veux prendre un bain... »

Mais l’autre lui coupe la parole :

« Je ne reste pas...

— Quoi ? Tu vas retourner dehors ? Mais tu es dingue !

— Mon p'tit gars est tiré d'affaire, c'est tout ce qui compte. Moi, je me débrouillerai très bien tout seul, j'ai l'habitude. »

Comme il se dirige à grands pas vers la porte, l'instit le retient par le bras.

« Toujours ta fichue fierté, hein ! Tu ne peux l'oublier un peu, au moins pour cette nuit ?

— N'insiste pas, s'il te plaît... C'est pas la peine... »

Que faire, devant un entêtement pareil ?

« Je ne peux pas te forcer, hein... admet l'instit à regret. Mais tu as tort, je t'assure... »

La main sur la poignée, Patrick se retourne une dernière fois :

« Tu veux bien me rendre un service ? »

L'instit a un geste d'agacement : quelle ironie ! Lui rendre service, il ne demande que ça ! Il donnerait n'importe quoi pour que le père de Yohan accepte son hospitalité !

Mais ce n'est pas de ce service-là qu'il s'agit.

« J'aimerais que tu dises au gamin que demain, après l'école, je l'attendrai à l'endroit qu'il connaît. »

L'instit promet, puis fait une ultime tentative :

« Reste, s'il te plaît... »

Trop tard : Patrick a déjà replongé dans la tourmente.

18

« Ben... Où je suis, moi ? »

Se réveiller dans une chambre inconnue, ça fait toujours un drôle d'effet. Yohan se frotte les yeux, bâille, puis tente de rassembler ses souvenirs. Mais en vain : il a beau réfléchir, la dernière chose dont il se souvienne, c'est de cette impression d'avoir affronté les blizzards du Grand Nord. Puis le corps de papa, tout tiède, sous la parka... Que s'est-il passé ensuite ? Mystère et boule de gomme. Yohan a posé sa tête, si lourde, sur l'épaule de Patrick, et là... le trou noir.

Comment est-il arrivé ici, dans cet appartement, dans ce lit moelleux ? Par quel tour de passe-passe ? Voilà une énigme qu'il faut résoudre au plus vite !

L'enfant saute sur ses pieds. Malgré son manque de sommeil, il est reposé. Ce matelas, ce duvet, cette douce chaleur... ça vous requinque un homme ! Surtout quand cet homme, ce « p'tit bonhomme », est depuis si longtemps à la rue qu'il en a oublié les bienfaits du confort !

Dans les livres d'aventure, le héros confronté à la même situation se retrouve généralement enfermé à clé. C'est le cas de Tintin, kidnappé par les frères Loiseau dans « Le Mystère de Rackam le Rouge ». Avec une vague appréhension, Yohan tourne la poignée de la porte. A sa grande surprise, celle-ci s'ouvre normalement.

Sur le canapé du salon, un homme, tout habillé, ronfle. Victor Novak ! Avec un cri de joie, l'enfant lui fonce dessus.

« Hou, hou ! »

Secoué par une petite main impatiente, l'instit émerge peu à peu.

« Hou hou, Victor ! Hou hou ! »

L'instit ouvre un œil, puis les deux. Et se retrouve en face de son élève, hilare.

« Ben dis donc... On dirait un ours ! Tu ne dors pas, toi, tu hibernes, ma parole ! » se marre Yohan.

Le sourcil gauche de l'instit monte aussitôt à l'assaut de son front :

« Un ours... répète-t-il, encore ensommeillé. Mais... Qu'est-ce que tu fais debout si tôt ?

— Si tôt ? »

Le rire du gamin emplit l'appartement :

« Si tôt ? Tu as vu l'heure ? On va être en retard à l'école !

— Après la nuit que tu as passée, ce serait plus raisonnable que tu restes te reposer ici, bien au chaud ! »

Mais Yohan ne l'entend pas de cette oreille :

« Ça va pas, la tête ? Tu as oublié qu'on va pique-niquer en forêt, aujourd'hui ? »

Pique-niquer en forêt, par moins quinze... Il n'y a que des Canadiens pour avoir des idées pareilles ! En ronchonnant, l'instit se lève. Des courbatures lui scient le dos, et il ne peut s'empêcher de gémir en mettant pied à terre.

« La nuit prochaine, c'est moi qui dormirai sur le canapé, pouffe le gamin. J'ai l'habitude, tu sais ! »

*

* *

La forêt est si belle qu'on en oublie l'onglée, les doigts de pieds engourdis dans les bottines fourrées, la bise qui vous scie la peau du visage. Les arbres, ployant sous leur croûte de neige, sont d'une majesté extraordinaire. Tous les sons semblent étouffés par le paysage cotonneux.

« C'est le "grand silence blanc", dont parle Fénimore Cooper dans ses romans... » chuchote Novak, impressionné.

En contrebas s'étend un lac gelé, qu'avoisine une bicoque en rondins dans le plus pur style trappeur.

« Nous arrivons ! annonce Régine à Charlotte, qui traîne en queue de peloton, essoufflée.

— C'est pas trop tôt ! »

Du doigt, la fillette indique la cabane :

« C'est là qu'on dîne ?

— Dîner ? A midi ? » s'esclaffe Novak. Puis il réalise : « Ah oui, c'est vrai ! Je ne m'y fais pas, à votre langage... »

Régine interpelle joyeusement Anaïs :

« Note ça sur ta liste d'expressions québécoises, pour Victor : dîner au Québec, c'est déjeuner en France ! »

La rouquine fronce son petit nez rigolo, découvrant des quenottes de perles :

« On va manger des poutines ? s'enquiert-elle.

— Des « poutines », qu'est-ce que c'est encore ? s'écrie l'instit.

— Des frites ! traduit Jérôme.

— Mélangées avec de la sauce brune et du fromage », précise Charlotte.

Une grimace comique déforme le visage de Victor :

« Vous mangez ça… et… vous n'êtes pas malades ? »

Brouhaha. Chaque enfant y va de son parler local, et les mots typiques fusent : « maringouin », « passer un sapin », « achalant », « chum », « changer son poisson d'eau »… Autant de formules imagées et intraduisibles qui émaillent le langage courant, et n'ont aucun sens pour un étranger…

Chemin faisant, ils atteignent le lac. Sur la terrasse de la cabane forestière se trouvent une table de pique-nique et des bancs. Victor et Régine s'y installent, et déballent les sandwichs qu'ils distribuent aux enfants affamés.

« Désolée, dit Régine, ce ne sont pas des poutines…

— Mais c'est bien bon quand même ! » apprécie Charlotte, en mordant à belles dents dans le pain garni de jambon et de fromage.

Sylvain s'approche, brandissant une paire de patins flambant neufs :

« Eh, Victor, tu as vu ce que mon père m'a offert ? »

L'instit émet un sifflement admiratif.

« Magnifique ! Et tu comptes les inaugurer ? »

Le garçon hoche la tête avec un regard éloquent vers la surface brillante du lac gelé.

« Je peux ?

— Bien sûr ! Vas-y, si ça te fait plaisir ! »

Pas besoin de répéter l'autorisation : déjà, Sylvain a délacé ses boots pour enfiler en hâte ses patins.

« Qui veut faire la course avec moi ? » braille-t-il à pleine voix.

Sa proposition ne soulève qu'un enthousiasme mitigé.

« Pffttt, à quoi ça sert ? Tout le monde le sait que t'es le meilleur ! laisse tomber Anaïs, désabusée.

— Vous n'êtes que des nuls et des dégonflés » crâne Sylvain, conscient de sa supériorité.

Soudain, quelqu'un relève le défi. Le dernier dont on aurait attendu ce geste. Yohan.

Il se plante devant Sylvain et, tranquillement, annonce :

« Moi, je veux bien. »

Un silence stupéfait salue son acte de bravoure. Jérôme est le premier à réagir :

« Toi ? ricane-t-il méchamment. Tu ne serais même pas capable de tenir sur des rollers ! »

Une vague d'hilarité secoue aussitôt la classe. Sans se démonter, Yohan assure :

« Je le battrai !

— T'es complètement fou ! s'écrie Anaïs de sa voix pointue. Sylvain, il est dans l'équipe "Espoir", des futurs professionnels ! T'as aucune chance !

— Laisse, Anaïs, je vais le planter, ce pourri ! grince Sylvain.

— On va bien voir, répond Yohan. C'est pas parce qu'on a la plus grande gueule qu'on est forcément le meilleur ! »

Sylvain tire une autre paire de patins de son sac, et les lance négligemment aux pieds de son adversaire. Ce dernier, un petit sourire de défi aux lèvres, les ramasse et s'en chausse.

Un peu à l'écart, Victor les observe et ne sait que penser de ce retournement de situation. Bien entendu, sa sympathie va vers Yohan. Ce dernier, de toute évidence, a saisi l'occasion de prendre sa revanche sur l'humiliation subie à propos des poux. Mais en sera-t-il capable ?

Les mêmes doutes assaillent Régine, qui s'approche subrepticement de l'instit :

« Je ne sais pas si c'est une très bonne idée… » lui glisse-t-elle.

Au même instant, Yohan lève les yeux vers Victor. Celui-ci comprend le message.

« Laisse-le faire, Régine… Tu vas voir, il va nous étonner ! »

*

* *

Les deux concurrents sont sur la ligne de départ, muscles tendus, visage grave.

« Je vous rappelle que vous avez deux tours à parcourir... leur lance l'instit, son chrono à la main. Et attention, pas de triche, compris ! »

Deux têtes s'inclinent en même temps. Les enfants, frémissant d'impatience, attendent le signal.

« Attention... Prêt... Partez ! »

Les patineurs s'élancent, au milieu des cris de leurs camarades. Spontanément, la classe s'est divisée en deux clans : les pro-Sylvain et les pro-Yohan, chacun acclamant son champion avec fougue. Les pro-Sylvain sont nettement plus nombreux, l'autre clan ne se composant que de deux supporters : Charlotte et Anaïs. Heureusement, elles crient pour quatre !

Sylvain est parti comme une flèche et distance largement Yohan, mais celui-ci se débrouille quand même très bien. Charlotte en est la première surprise.

« Il ne nous avait pas dit qu'il savait patiner... souffle-t-elle à Victor, qui suit la course avec passion. T'étais au courant, toi ?

— Moi ? Pas du tout, je te jure. Il ne se confie à personne, ce petit cachottier ! »

Au fil de la course, la technique de Yohan s'améliore, se perfectionne, comme s'il retrouvait des gestes appris de longue date, mais oubliés par manque de pratique. Il gagne peu à peu du terrain, sous les acclamations de ses supporters dont le nombre augmente sans cesse. Le premier tour se termine par un presque ex aequo, Sylvain gagnant d'une courte tête.

Le passage des deux coureurs est salué par une salve d'applaudissements.

« Allez, Sylvain, plus vite ! hurle Jérôme.

— Vas-y, Yohan, tu vas l'avoir ! » trépigne Charlotte.

Durant le deuxième tour, Yohan donne sa pleine mesure. Si son style est moins spectaculaire que celui de Sylvain, il est en revanche plus mûr, plus maîtrisé. Mètre après mètre, il comble inexorablement son retard, rejoint son adversaire, le dépasse. Et c'est parmi les ovations de ses condisciples qu'il parvient premier sur la ligne d'arrivée.

Déception de Jérôme, demeuré l'unique pro-Sylvain. Tous les autres, déchaînés, se ruent sur Yohan pour le féliciter.

« J'étais sûre que t'allais gagner ! s'exclame Charlotte en lui sautant au cou. T'es mon champion ! »

Le baiser de la victoire ! Yohan devient

rouge comme une tomate, sous les acclamations et les sifflements d'enthousiasme.

De son côté, furieux de sa défaite, Sylvain repousse Jérôme qui tente de le réconforter. Il est au bord des larmes et proteste de toutes ses forces :

« Ça ne compte pas, Yohan a triché ! Il a coupé tous les virages ! »

Des exclamations moqueuses soulignent sa mauvaise foi :

« Arrête, tu dis n'importe quoi !

— C'est Yohan le meilleur !

— Il t'a battu !

— Veux-tu bien cesser de faire cette tête-là ! le houspille gentiment Novak. On ne peut pas toujours gagner, tu sais ! Il faut savoir être bon perdant !

— Victor a raison, intervient Régine, c'est ça la compétition ! »

Elle prend chacun des deux enfants par les épaules, et les met face à face.

« Allons, faites la paix et serrez-vous la main avant qu'on reparte ! »

Un temps d'hésitation. Les deux garçons se mesurent du regard. C'est Yohan qui tend la main le premier. Sylvain serre les lèvres, renifle, puis, à contrecœur, serre la main du vainqueur.

19

Debout sur l'estrade, et accompagné de son fidèle Jérôme, Sylvain fait son exposé sur le patinage de vitesse. Des schémas dessinés au tableau montrent des patineurs dans diverses attitudes et, à l'aide de flèches, Sylvain décompose leurs mouvements. Toute la classe écoute avec une attention soutenue.

Installé à un pupitre au milieu de ses élèves, Victor suit, lui aussi, la démonstration.

« Sur courte piste, explique Sylvain, le départ se fait en groupe, alors que sur longue piste, on court toujours par paire. La plupart des joueurs se spécialisent dans l'une ou l'autre de ces deux disciplines, sauf les grands champions qui peuvent gagner partout. Comme lui, par exemple… »

Il fait un signe à son copain, qui déroule un grand poster et le punaise au tableau.

« Lui, c'est vraiment mon idole, le plus grand champion qui ait jamais existé. Turbo Pat… »

Le poster représente un homme jeune, souriant, debout sur la plus haute marche d'un podium olympique. En le voyant, Victor Novak a un coup au cœur. Malgré quelques années de moins et quelques kilos de plus, il l'a parfaitement reconnu : « le plus grand champion qui ait jamais existé », c'est Patrick Lafontaine.

L'instit se tourne vers Yohan avec effarement. L'enfant semble hypnotisé par l'affiche. Tout pâle, la bouche ouverte, il fixe ce portrait de son père à l'époque, encore récente, de sa gloire. A côté de lui, Charlotte, non moins ahurie, regarde en alternance le poster et Yohan, ne sachant quelle contenance prendre.

Sans se douter des réactions qu'il vient de provoquer, Sylvain poursuit, imperturbable :

« Sur toutes les distances, c'était un dieu, ce gars-là. Un super-gagneur. Et puis un jour, il y a trois ans, il s'est blessé à l'entraînement. Depuis, on n'a plus jamais entendu parler de lui. »

Une émotion irrépressible gagne Yohan. Ses prunelles embuées ne perçoivent plus l'affiche qu'à travers un écran de larmes. Soudain, il se lève, bouscule sa chaise qui s'écroule avec fracas, et traverse la salle en courant.

« Yohan ! Attends, Yohan ! » s'écrie Victor, en bondissant derrière lui.

L'enfant ne l'écoute pas. Quatre à quatre, il franchit la porte et dévale l'escalier.

« Charlotte, surveille la classe, s'il te plaît ! Et vous autres, soyez sages ! » n'a que le temps de crier l'instit avant de disparaître à son tour.

Dans un silence médusé, Charlotte, consciente de sa mission, se dirige vers le bureau du professeur.

« Ben… Qu'est-ce qui se passe ? Qu'est-ce qu'il a encore, Yohan ? » fait Sylvain, dépassé par les événements.

Plantée devant lui, les poings sur les hanches, les jambes écartées, Charlotte riposte, en détachant bien chaque mot :

« Tu veux savoir ce qu'il y a ? Tu veux vraiment le savoir ? »

D'un doigt accusateur, elle désigne le poster :

« Il y a que ton idole, là, ce grand champion que tu admires tant, ton dieu… Eh bien, tu as craché dessus en le traitant de pouilleux ! »

L'air ahuri de Sylvain vaut le détour !

« T'es malade ? Je ne l'ai jamais rencontré, moi, Turbo Pat ! Je n'ai pas eu cette chance !

— Crétin ! T'as vraiment rien compris,

alors ? On n'a pas idée d'être si bête... Patrick Lafontaine, c'est son père, à Yohan ! »

*
* *

« Laisse-moi ! »

Le cri – un cri déchirant, chargé de rancœur – jaillit du cagibi où s'est réfugié le gamin : une pièce minuscule plongée dans la pénombre, où est entreposé le matériel de sport.

« D'accord... Je te laisse... Je ne m'approche pas de toi... »

Conciliant, Victor reste derrière la porte. Ainsi, ils pourront se parler sans se voir.

De l'intérieur parviennent des sanglots rauques. L'instit les laisse s'apaiser avant d'affirmer :

« Je lui ai toujours fait confiance, moi, à ton père. Je savais que c'était un type formidable... »

Un temps, puis la voix de Yohan, si ténue qu'il faut tendre l'oreille pour la saisir :

« Tu vois, toi aussi tu dis "c'était". T'as raison... Maintenant, c'est plus rien, mon père. Plus rien du tout. Il est fini. Des fois, j'ai presque l'impression que je lui en veux...

— Raconte-moi ce qui s'est passé, mon p'tit bonhomme, ça te fera du bien... » suggère Novak.

Ce surnom, « p'tit bonhomme », qui est celui que lui donne son père, touche Yohan en plein cœur. Il craque. Son instit peut tout comprendre, il le sait, il le sent au fond de lui. Avec un débit haché, entrecoupé d'arrêts et de soupirs, il lui confie sa tragédie :

« Avant… Avant, on était bien… On avait une grande maison, un jardin… une voiture… tout ça… C'est quand papa s'est cassé le genou… que tout a commencé à aller mal. Ses sponsors l'ont laissé tomber, et y a plus eu d'argent, chez nous… Papa, il trouvait ça normal de se faire jeter, parce qu'il ne valait plus rien comme patineur. Mais maman n'était pas d'accord, alors ils se disputaient tout le temps…

— Ta maman ? s'étonne Victor. Je pensais qu'elle était morte quand tu étais petit… »

La réponse fuse, éperdue. Tellement douloureuse que l'instit, rompant le pacte, pénètre dans le cagibi. Il reçoit l'enfant bouleversé dans ses bras.

« Elle n'est pas morte, hoquette Yohan, enfouissant son visage dans le pull-over de son prof. Pas du tout morte… C'est papa qui a inventé ça, parce qu'il l'a tuée dans son cœur… »

Durant quelques secondes, l'instit caresse en silence les cheveux de Yohan, ses joues que les larmes ont rendues brûlantes. Puis il demande, très très doucement :

« Elle vous a quittés ?

— Oui… Je ne sais même pas où elle est, il y a trois ans que je ne l'ai pas vue… »

Même les plus gros chagrins finissent par se calmer, à la longue. Après la récré, tout le monde se retrouve en classe. Yohan, les yeux secs, a repris sa place auprès de Charlotte. L'affiche de Turbo Pat est restée accrochée au tableau. Impressionnés par le coup de théâtre de la matinée, les élèves sont d'une sagesse exemplaire.

Les mains derrière le dos, Victor sillonne les allées. Lui aussi est particulièrement grave.

« Ce matin, sur le lac, nous parlions des courses qu'on gagne et de celles qu'on perd… monologue-t-il. Mais des gagnants et des perdants, il n'y en a pas que sur les patinoires. Dans la vie, aussi… Il suffit parfois d'un événement d'apparence anodin, d'une simple "chute", pour que la malchance s'abatte sur un être et brise son existence… C'est ce qui est arrivé au papa de Yohan… »

Il s'arrête de marcher. Ce qu'il a à dire est si important qu'il cherche ses mots.

« Eh bien, les enfants, des "papas de Yohan", il y en a des milliers, aujourd'hui… Des gens à qui tout souriait et qui, du jour au lendemain, se sont retrouvés sans ressources, abandonnés par leur famille, leurs amis… Quand plus personne ne vous épaule, on a vite fait de dégringoler la pente, et de toucher le fond de la misère… »

Pas un bruit, dans la salle. Même les plus turbulents écoutent de toute leur âme. Charlotte a posé sa petite main sur celle de Yohan, et celle de Yohan n'a pas fui.

« Cette pente, c'est possible de la remonter. Mais pas tout seul. Pour ça, on a besoin des autres : de leur sympathie, de leurs encouragements, de leur solidarité… » reprend l'instit.

Les enfants ont compris le message. Spontanément, Anaïs lève le doigt :

« Si on faisait une collecte dans l'école pour l'aider, m'sieur Lafontaine ? »

Victor fronce légèrement les sourcils :

« Ça pourrait le dépanner quelques jours, évidemment… Mais après ?

— Yohan, il peut venir habiter chez moi, propose Charlotte. Je suis sûre que mes parents seraient d'accord. Ma mère, elle trouve que c'est un drôlement gentil garçon !

— Je crois que, malgré toute l'amitié qu'il te porte, il préférerait continuer à vivre avec son père… Hein, mon grand ? »

Yohan acquiesce. Sylvain, qui ne s'était pas encore manifesté, lève à son tour le doigt.

« Oui ?

— Dans mon club, notre entraîneur se plaint qu'on est trop nombreux. Il ne sait plus où donner de la tête… »

Il se tourne vers Yohan :

«… Alors, peut-être que si ton père lui filait un coup de main… Ce serait super !

— En voilà une bonne idée ! s'écrie l'instit. Qu'en penses-tu, Yohan ? »

Dubitatif, le petit garçon se contente de hausser les épaules. Au même moment, la cloche sonne. Mais pas un élève ne bouge.

« Allons, les enfants, c'est l'heure… dit Victor, comme à regret. Vous pouvez ranger vos affaires… »

Tandis que les enfants s'affairent, Sylvain s'approche de Yohan. C'est qu'il y tient, lui, à son projet ! Turbo Pat n'est pas son idole pour rien !

« Tu lui demanderas, hein ! insiste-t-il.

— Oui, mais c'est pas du tout sûr qu'il accepte…

— Comme ça, tu rentreras dans mon équipe. Tous les deux, on sera imbattables ! » s'emballe Sylvain.

L'excitation le transfigure. D'un geste impulsif, il plonge dans son sac et en sort les patins tout neufs, qu'il tend à son ex-ennemi.

« Tiens, je te les donne ! »

Une amitié est née.

20

Yohan ne tient pas en place. C'est qu'il en a, des choses à raconter à son père, ce soir ! Victor a tenu à l'accompagner, et tous deux sont assis sur le banc, près de l'étang, au lieu du rendez-vous fixé par Patrick.

« Aujourd'hui, c'était une journée arc-en-ciel, dit pensivement l'enfant.

— Du soleil, puis de la pluie, puis de nouveau du soleil… commente Novak, qui a saisi à quoi il faisait allusion. Et un grand bonheur par-dessus tout ça.

— Oui, un grand bonheur… » sourit Yohan, en tapotant son cartable que gonflent les patins.

Les premières ombres du crépuscule ont envahi le parc. Des passants, serrés dans leurs manteaux, marchent à pas pressés. Les deux policiers à cheval font leur ronde. Sur l'étang, il ne reste presque plus de patineurs.

Yohan, qui commence à avoir froid aux fesses, se trémousse sur son banc.

« Qu'est-ce qu'il fiche, papa ? s'impatiente-t-il.

— Ne t'inquiète pas, il va venir.

— C'est la première fois qu'il tarde autant ! »

Ce que Yohan ignore, c'est que Patrick est là, non loin, dissimulé derrière un arbre, et l'observe depuis un bon moment déjà.

Pourquoi se cache-t-il ? Lui-même n'en sait rien. Sans doute pour voir sans être vu… Et ce qu'il voit, c'est son petit garçon à lui, à côté d'un autre « père ». Un père bien habillé, bien nourri, affectueux et tendre. Un père dont Yohan n'aurait pas à avoir honte, et qui, s'il l'adoptait, pourrait lui donner tout ce dont il a besoin… Le père que *mérite* son fils…

Yohan balance ses pieds dans le vide, d'un air profondément absorbé.

« A quoi tu penses, bonhomme ? demande l'instit.

— A la proposition de Sylvain, que papa devienne entraîneur dans son club. Ce serait vraiment chouette, mais ça m'étonnerait qu'il accepte. Depuis son accident, il veut même plus en entendre parler, du patinage. Ça l'écœure !

— Normal... Mais il faut arriver à le convaincre. Parce que s'il y a une chose dont il a vraiment besoin, Patrick, c'est de reprendre confiance en lui. Tu comprends ça ? »

A présent, il fait complètement bleu, comme si on avait renversé une bouteille d'encre dans l'atmosphère. Les derniers promeneurs ont déserté le parc. Ici et là, des réverbères s'allument, donnant au paysage une apparence irréelle de carte de Noël.

Transi, l'instit remonte le col de son manteau.

« On devrait rentrer... suggère-t-il.

— Ah non ! Moi, j'attends mon papa ! proteste Yohan avec énergie.

— Il sait où nous trouver, inutile de prendre froid ! »

A contrecœur – mais parce qu'il est en train de se changer en bloc de glace, et qu'un bain brûlant lui ferait le plus grand bien –, le petit garçon obtempère.

Patrick les voit se lever et, main dans la main, quitter le parc. Alors, il se sent vraiment abandonné, et un voile de tristesse lui brouille son regard. Il suit les deux silhouettes, devenues de plus en plus floues, jusqu'à ce qu'elles disparaissent à l'horizon, puis quitte sa cachette et s'enfonce clopin-clopant dans les profondeurs du parc.

*

* *

Avoir chaud, ça n'empêche pas de tourner en rond. Et c'est bien ce que fait Yohan, dans l'appartement de Victor Novak.

« Mais où il est, mon père ? Pourquoi il traîne comme ça ? » n'arrête-t-il pas de répéter, en se rongeant les ongles.

L'instit l'exhorte de son mieux à la patience.

« Ne te mets pas dans un état pareil... Il a dû être retardé...

— Il s'est peut-être fait arrêter par la police ? suggère l'enfant d'une voix étranglée.

— Mais non, pourquoi ? Ce n'est pas un criminel !

— Ou alors... il a eu un accident... »

Bien que lui-même très inquiet, Victor n'en laisse rien paraître.

« Allons allons, fait-il d'un ton léger. Arrête de penser à ce genre de chose, ça ne sert à rien. Va plutôt te faire couler un bon bain en l'attendant. Avec plein de mousse, hein ! »

De guerre lasse, l'enfant s'apprête à obéir quand un coup de sonnette le fige sur place.

Avec un cri de joie, il se rue sur la porte :

« Papa ! C'est papa ! »

Il ouvre. Sur le palier se tient, non Patrick Lafontaine, mais le gardien de l'immeuble qui tend une lettre à Novak.

« On m'a remis ça pour vous.

— Merci », dit Victor, qui s'est précipité lui aussi.

Terriblement déçu, l'enfant reste immobile tandis que le gardien redescend.

« Allez, file dans la salle de bains ! » lui répète l'instit.

L'instant d'après, le bruit de l'eau qui coule emplit l'appartement. Alors seulement, Victor ouvre l'enveloppe qui n'est pas timbrée. Et voici ce qu'il lit :

Victor, tu es le seul à m'avoir tendu la main, et je sais que je peux compter sur toi. Occupe-toi bien de mon petit Yohan, s'il te plaît, parce que moi, je suis au bout de ma route. C'est trop dur. Il sera mieux avec toi, ou, à défaut, dans une famille d'accueil. A la campagne, si possible, parce qu'il a toujours rêvé d'avoir un chien. Embrasse-le fort. Surtout, dis-lui bien que je l'aime plus que tout au monde, et que là où je serai, dans mon Pays des Braves, je penserai toujours à lui. Merci, Victor.

Patrick Lafontaine.

*

* *

Au même moment, à quelques centaines de mètres de là :

« Tu veux *L'Itinéraire*, camarade ? »

La nuit, le parc change de visage. Il perd son aspect civilisé. La lune, en ruisselant sur la neige scintillante, en fait une forêt sauvage, l'une de ces immenses forêts du Grand Nord où vivent trappeurs et Indiens, et dont rêvent les petits garçons. Bientôt, dans le lointain, des hordes de loups aux yeux rouges se mettront à hurler, et leur lugubre plainte se confondra avec les mugissements du vent...

« Ho, camarade ? Tu m'entends ? » insiste l'homme en guenilles.

Brusquement arraché à ses pensées, Patrick tressaille.

« Excuse-moi, j'étais distrait... », bredouille-t-il.

Puis, il regarde attentivement son interlocuteur :

« Mais je te connais, toi… On s'est déjà rencontrés quelque part, non ?

— Moi aussi, je me souviens de toi. Tu m'as acheté mon journal avec un gros billet, la semaine dernière, et t'as pas voulu que je te rende la monnaie…

— J'ai pas un rond, cette fois, dit Patrick. Mais… »

Une brusque idée vient de lui traverser la tête.

«… mais j'ai peut-être autre chose à te donner… »

Et, sous les yeux éberlués de l'itinérant, il retire sa parka et la lui tend.

« T'es complètement fou ! Tu vas crever !

— Prends-la, autant qu'elle serve à quelqu'un », répond Patrick avant de disparaître dans la nuit.

*

* *

«… La trentaine, oui… dit Victor Novak. Assez maigre, et affligé d'un léger boitillement… Une parka vert sombre, c'est ça… Entendu, je vous rappelle si j'ai du nouveau. »

Il raccroche le téléphone, et c'est seulement à ce moment-là qu'il aperçoit Yohan. Yohan qui est sorti de son bain et, debout à l'entrée de la pièce, lit la lettre de son père en tremblant comme une feuille.

« J'ai alerté la police, ils vont se mettre à sa recherche. T'en fais pas, p'tit bonhomme, on le retrouvera... » assure l'instit. Mais l'expression incertaine de son visage dément ses paroles. En réalité, l'angoisse le tenaille.

« Si seulement on avait une piste... poursuit-il, très bas. *Le Pays des Braves*, ça ne dit rien à personne...

— Moi, je sais où c'est ! » murmure l'enfant en réprimant ses larmes.

21

Courant à perdre haleine, Victor Novak et Yohan parviennent à la lisière du parc. Comme ils s'apprêtent à y pénétrer, les deux policiers à cheval leur barrent la route.

« Stop ! C'est fermé, la nuit ! » dit l'un d'eux.

Sa monture, impatiente de regagner l'écurie, piaffe nerveusement. Une vapeur épaisse sort de ses nasaux. Le bruit de ses sabots, martelant le sol gelé, résonne dans le silence nocturne et se répercute jusqu'au fond des entrailles obscures du jardin.

« Quelqu'un est en danger de mort, s'écrie l'instit. Il faut aller le chercher tout de suite !

— En danger de mort ? intervient le second policier. Où ça ?

— Là-bas, à l'intérieur !

— On vient d'y aller, on n'a vu personne... »

Au comble de l'exaspération, l'instit s'emporte :

« Vous voulez vraiment avoir la mort d'un homme sur la conscience ? Appelez une ambulance, vite ! ! ! »

Profitant de la discussion, Yohan a filé ventre à terre. De toute la vitesse de ses jambes, il traverse l'étendue glaciale du parc. « *Le Pays des Braves... Le Pays de Braves...* », ressasse-t-il dans le noir. On dirait une chanson, une effroyable petite rengaine que rythment ses halètements et les battements désordonnés de son cœur. « *Le Pays des Braves... Le Pays des Braves...* » Le cimetière des Braves, plutôt. Là où les chefs indiens vont mourir, pour ne pas être à la charge de leur peuple.

« Papa... Papa... », appelle l'enfant, épouvanté.

Seul le grand silence blanc lui répond.

Voici l'étang, dont l'immense surface, écorchée par les lames des patins, luit doucement sous la lune. A bout de souffle, Yohan le contourne, sans cesser de hurler à pleins poumons :

« Papa ! Papa ! »

Où est-il ? Mais où est-il donc ? *Le Pays des*

Braves est atteint, et pas trace du vieux chef...

Soudain, Yohan sursaute et pousse une exclamation étouffée. C'est comme s'il avait reçu un coup de poing dans le ventre. Là, un peu en retrait, à peine visible dans la pénombre, quelqu'un est allongé sur un banc. Un homme inanimé...

Le cri de l'enfant déchire la nuit : « PAPA ! »

C'est bien lui, en effet. Mais dans quel état !

Le givre a recouvert son corps que ne protègent ni manteau ni parka. Juste un simple pull-over. Ses mains et son visage ont pris une teinte bleutée, des cristaux de glace brillent sur ses paupières closes. On dirait une statue de cire... ou un cadavre.

Déjà, Yohan est sur lui, le couvrant de baisers et de larmes.

« Papa... Papa..., sanglote-t-il en secouant son père de toutes ses forces. Papa, je t'en supplie, réveille-toi... »

Mais nul signe de vie dans le corps inerte qu'il étreint avec fièvre. Pas la moindre réaction.

Alors le chagrin de Yohan se change en rage. De ses deux petits poings, il martèle avec frénésie la poitrine que plus aucun souffle n'agite.

« Me laisse pas tout seul, papa... T'as pas le

droit ! Je veux pas que tu m'abandonnes… Reviens, p'pa, s'il te plaît ! ! ! »

Le reflet clignotant d'un gyrophare d'ambulance interrompt ses sanglots. Des bruits de voix, des pas pressés. Novak, suivi d'un médecin, s'élance vers le banc où Yohan, à présent couché de tout son long sur le corps de son père, pleure en poussant des petits cris plaintifs d'animal.

Il le soulève dans ses bras, dégageant Patrick afin que le médecin puisse l'ausculter.

« Le pouls est très faible, dit ce dernier. Vite, transportez-le dans l'ambulance. »

Deux infirmiers chargés d'une civière se précipitent, enveloppent Patrick dans une couverture isotherme, et l'emportent. Tétanisé, Yohan se serre contre son instituteur.

« Quel est votre diagnostic, docteur ? demande Novak, très inquiet.

— Hypothermie. Il était moins une ! Au-delà d'un certain seuil, c'est irréversible… »

S'adressant au petit garçon qui l'interroge d'un regard pitoyable :

«… Ça va aller, t'en fais pas, bonhomme ! promet-il, rassurant.

— Tu as entendu ? renchérit Victor. C'est un costaud, ton père. Un sportif. Il s'en sortira ! »

22

Assis sagement sur le canapé, Yohan contemple la photo que Novak emmène partout avec lui, celle de sa femme et sa fille. La photo des temps heureux…

Pendant ce temps, l'instit termine une conversation téléphonique avec l'hôpital.

« Vous avez mon numéro, n'est-ce pas… S'il y a quelque chose de neuf, vous m'appelez, je compte sur vous… Merci beaucoup. »

Il raccroche et s'empresse de rejoindre Yohan.

« Tout va bien. Ils le gardent en observation cette nuit, et dès demain tu pourras aller le chercher. »

Un sourire éclatant illumine les traits du garçon :

« Demain ? Tu viendras avec moi ? »

Un hochement de tête affirmatif lui répond.

« C'est ta fille ? » demande Yohan, en désignant la petite Sophie de la photo.

Nouveau hochement de tête, plus triste cette fois. Le doigt de Yohan montre la jeune femme :

« Et elle, c'est ta blonde ? »

L'expression typiquement québécoise arrache un petit rire sans joie à l'instit. Yohan reste un instant songeur.

« Toi aussi, tu les as perdues, hein ? »

Victor ne répond pas, d'ailleurs c'est inutile. Certains silences sont plus éloquents que des paroles.

« Tiens, dit Yohan en sortant quelque chose de sa poche, prends-le, tu en as plus besoin que moi.

— Qu'est-ce que c'est ?

— Ben, mon boumachin ! »

Et il le lui fourre dans la main.

« Ton boulard ? s'écrie Novak, éberlué. Mais je ne veux pas ! Il est à toi, et je sais que tu y tiens !

— Prends-le, je te dis ! Tu sais, les choses qu'on voit dedans... Eh bien, c'est les gens qu'on aime et qui ne sont plus là... »

Comme l'instit s'obstine à refuser, le petit garçon s'énerve :

« Moi, j'ai seulement une personne qui me manque : ma mère. Toi, tu en as deux. Tu vois que tu en as plus besoin que moi ! »

Très ému, Victor prend le précieux cadeau, et le lève vers la lampe.

« C'est vrai qu'il est magique, ce boulard… » murmure-t-il.

La lumière qui se reflète dans le verre projette un petit rond doré sur son sourire.

*

* *

La salle d'attente de l'hôpital est toute blanche, et sent l'éther. Sur un guéridon traîne une pile de revues périmées. Mais Victor et Yohan ne les feuillettent pas : ils ont bien autre chose à penser ! L'enfant, incapable de tenir en place, marche de long en large dans la pièce.

« On se calme ! dit l'instit qui, lui, fait craquer nerveusement ses phalanges. Ce n'est plus qu'une question de minutes, maintenant ! »

Après quelques allers-retours silencieux, Yohan se plante devant lui.

« C'est dommage ! » dit-il.

Le sourcil gauche de l'instit se soulève :

« Qu'est-ce qui est dommage ?

— Ben… Que tu repartes bientôt en France…

— Je t'écrirai, je te promets ! »

Yohan a un haussement d'épaules sans illusions :

« Pfff… Où ça ? Je suis sûr que mon père ne voudra jamais rester à Montréal… »

Un bruit de pas leur fait tourner en même temps la tête. Patrick vient d'apparaître au bout du couloir, encore un peu faible sur ses jambes, et claudique dans leur direction.

« Papa ! » bondit le petit garçon.

En moins de temps qu'il ne faut pour l'écrire, il traverse le couloir et atterrit dans les bras de son père. Ils s'étreignent, les larmes aux yeux. Par-dessus la tête de l'enfant, Patrick lance un long regard de reconnaissance à Victor.

« Alors, c'est décidé, tu t'en vas ? Tu ne restes pas à Montréal ? demande Novak à Patrick, tandis qu'ils se dirigent tous trois vers la sortie de l'hôpital.

— Eh oui ! Cette ville-là, Victor, elle n'est pas pour nous.

— Mais moi, j'y ai plein de copains ! proteste Yohan. Et même une super-copine !

— On ne peut pas passer sa vie à fuir, renchérit l'instit. Toutes les villes se ressemblent, ça sert à quoi d'en changer tout le temps ?

C'est toi, mon vieux, qui dois changer, t'ouvrir aux autres… »

Patrick a un léger ricanement, mi-attendri, mi-ironique :

« Tu es bien un prof jusqu'au bout des ongles, toi, hein ? Même en dehors de ta classe, tu ne peux pas t'empêcher de faire la leçon !

— J'essaie simplement de t'aider, se défend l'instit. Et je ne suis pas le seul, figure-toi ! »

Le visage de Patrick se ferme d'un seul coup :

« Peut-être… Mais moi, je n'attends rien de personne. Comme ça, au moins, je ne risque pas d'être déçu. »

Sur le parvis, une surprise les attend. Et une surprise de taille : toute la classe de Victor, au grand complet, les accueille avec des ovations.

Au premier rang, Charlotte envoie un baiser à Yohan qui, tout heureux, lève les yeux vers son père. Celui-ci, bien qu'il s'en défende, est également touché par tant de sollicitude.

« J'ai bien essayé de les empêcher de venir, avoue Régine d'un air faussement contrit, mais rien à faire : ils voulaient vous parler directement, monsieur Lafontaine. »

Elle pousse Sylvain en avant. Celui-ci, terriblement intimidé, ose à peine s'approcher de son idole.

« Vas-y, mon grand ! l'exhorte la directrice. Qu'est-ce que tu attends ? »

Surmontant son appréhension, Sylvain finit, tant bien que mal, par prendre la parole :

« Ben voilà… Tous les membres de mon club de patinage ont fait une pétition. On a besoin d'un autre entraîneur et… c'est vous qu'on veut. »

D'une main tremblante, il lui tend une feuille couverte de signatures et ornée de dessins fantaisistes et joyeux. Bien plus bouleversé qu'il ne veut le paraître, Patrick prend le papier et le contemple longuement.

« Tu diras à tes amis que… balbutie-t-il enfin, que… savoir que des petits gars comme vous… se souviennent encore de Turbo Pat… et qu'ils m'aiment bien…, ça me… »

Sa pomme d'Adam fait deux trois allers-retours le long de sa gorge.

«… ça me touche beaucoup… Tu leur diras, hein ? »

Il tousse pour masquer son émotion, et ajoute, très vite :

« Mais bon, ce ne sont pas les enfants qui engagent les entraîneurs, ce sont les dirigeants. Et là, c'est une autre paire de manches !

— Ils sont d'accord aussi ! s'empresse de préciser Sylvain. Regardez : ils l'ont signée, notre pétition : là, là, et là… Le président, le trésorier, et tous les autres… Ils veulent absolument vous rencontrer. »

Plus un mot, dans le groupe d'enfants. Tous sont suspendus aux lèvres de Patrick, à commencer par Sylvain, qui le dévisage anxieusement.

Yohan aussi fixe son père. Le temps semble s'être arrêté, en attente d'un refus ou d'une acceptation dont dépendent tant de choses…

« Je… », commence Patrick.

Son regard croise celui de Victor. Il y lit un tel encouragement, un si gigantesque élan d'espoir, que sa décision est prise.

« Dans ces conditions… Faut pas les faire attendre, ces beaux messieurs du club… Des fois… des fois qu'ils changeraient d'avis ! » bégaie-t-il.

Il accepte ! C'est du délire. Un tonnerre d'applaudissements et de « hourras » explose. De joie, Charlotte saute au cou de Yohan :

« Je pense que je suis tombée en amour… lui annonce-t-elle dans le creux de l'oreille. Tu veux bien être mon "chum" ? »

Vrai ! Tous les bonheurs arrivent en même temps !

Épilogue

« Et voilà, dit l'instit en achevant de préparer ses bagages. Patrick pose sa valise au moment où moi, je boucle la mienne. L'un s'installe, l'autre s'en va. La vie est bien faite, tout de même… »

Régine, venue lui donner un coup de main, pousse un petit soupir mélancolique :

« Juste au moment où je commençais à m'habituer à ton maudit accent français ! »

Puis elle avise le boulard, posé près du téléphone :

« Tu joues encore aux billes, à ton âge ? s'étonne-t-elle, en le saisissant machinalement.

— Attention ! s'écrie Victor. Ce n'est pas une

bille ordinaire, c'est un boulard. Dedans, on peut voir des "trucs"... »

Régine ouvre des yeux si ronds qu'ils ont presque la taille du boulard !

« Des trucs ? »

D'un geste volontairement naïf, Novak saisit la boule de verre et la fait lentement tourner à la lumière.

« Oui, des trucs... et même parfois des gens. Les gens qu'on aime et qu'on a perdus.

— C'est le froid qui t'a gelé la cervelle ? Tu "déparles" ou quoi ? » s'exclame Régine.

De plus en plus persuasif, l'instit approche le boulard du regard de la directrice.

« Tiens, vas-y, essaie... Tu ne vois rien ? Là, c'est Patrick, et là Yohan... Et puis là, toute mignonne et toute rose, voilà la petite Charlotte... Et Anaïs, avec ses cheveux roux, et Sylvain, caracolant sur ses patins. Et tout au fond... toi, avec ta capuche bordée de fourrure... »

Régine ne parle plus. Son étonnement a fait place à une émotion profonde.

« Tu veux dire que tu nous emportes tous avec toi, dans cette bille ? demande-t-elle.

— Tous... Et je vous retrouverai chaque fois que je le désirerai...

— Eh bien, tu en as de la chance d'avoir un

trésor pareil ! fait Régine, entrant dans le jeu. C'est un magicien qui t'en a fait cadeau ? »

L'instit esquisse un sourire plein de tendresse.

« Un magicien, oui... », murmure-t-il.

IMPRIMÉ EN FRANCE PAR BRODARD ET TAUPIN
Usine de La Flèche, 72200.
Dépôt légal Imp. : 1292N-5 – Edit : 3918.
20-07-9486-01-0 – ISBN : 2-01-209486-4.
Loi n° 49-956 du 16 juillet 1949 sur les publications destinées à la jeunesse.
Dépôt : mars 1996.